時尚設計文化（繁體字版）

Fashion Design through Cultures (written in traditional Chinese characters)

趙瑞潔

British Library Cataloguing-in-Publication Data. A CIP catalogue record for this book is available from the British Library.

ISBN 978-1-915884-23-7 (ebook)

ISBN 978-1-915884-99-2 (print)

感謝以下諸位的協助（排名不分先後）

- 圖書資料委員：魏韶君（Jenny)、黃子芸、史亞芬、崔昊哲、線宇峰、柴春昕、石佳星、劉欣瑤、王寅萱
- 專家委員：張愛科、韓雅怡、董洪志、周逸煊

【附註：特別感謝周逸煊老師提供個人畫作作為此書封面。】

內容摘要

時尚設計目前仍是中國的藝術門類下發展較為薄弱且與國際水準差距較大的藝術類專業，有鑑於此，《時尚設計文化》從人才培養的基本需求出發，利用前沿理論，聯繫行業實際，一定程度上，具有很強的前瞻性和實用性。

《時尚設計文化》選材新穎，案例典型，內容詳實，在多元視域下，將時尚設計系統化，並以科學方法歸納其基本理論。

前言

《時尚設計文化》在借鑑國內外學者研究
成果的基礎上，深入挖掘中國時尚設計文
化的豐富內涵，主要由以下兩條線索出發
：

一、從中國時尚設計文化的歷史方面入手

這方面的研究主要涉及中國時尚設計文化
的起源與發展，繼承與革新，以及受到多
民族時尚設計文化影響所產生的轉型與融
合。具體來說，從制度文化和精神文化兩
個層面來梳理中國時尚設計自古代手工業
至今所經歷的變遷，著眼點是時尚設計文
化在歷史進程中所積澱下來的理論形態。

二、依據時尚設計文化的理論，研究從時尚設計創作到時尚設計作品，再到時尚設計欣賞的整個系統。

以上兩條路線互為研究經緯，形成較為完整的時尚設計學研究體系。與此同時，中國時尚設計文化不僅滿足了中國人物質世界的需求，也潛移默化地改變了中國人的內心。通過對中國時尚設計文化與時尚設計文學、時尚設計影視的關聯性研究，有助探討時尚設計發展如何影響人們的心靈與思考。

為了更多視域地探討中國時尚設計文化這個議題，《時尚設計文化》一書參考了國內外多領域學者專家的專著與論文，在此，對這些學者專家表示由衷的敬意與感謝。

雖然作者潛心研究，但仍有諸多不足之處，尤其藝術設計學科在學術界的不斷努力下已經越來越完善，《時尚設計文化》的笨拙之處可見一斑，我等感謝讀者的批評指正。在此，願我國時尚設計在國家留學基金委的大力扶持下能湧現更多"頭腦型"的時尚設計人才，同時在多方的合力下發展得越來越好，從而反哺於我國的藝術設計產業領域。

推薦語（排名不分先後）

一、韓國弘益大學——李振戩博士

如果你對中國時尚設計文化感興趣並且想要更深入地瞭解它，那麼我推薦這本書給你——《時尚設計文化》。這是一本獨特而有見地的書籍，涵蓋了不同角度和領域的內容，包含了多種形式的討論，如案例研究、歷史分析、市場調研和理論探討等。從傳統文化到現代時尚，從民族特色到國際化元素，該書將全方位地介紹區域性時尚設計文化的多重表現形式和內涵。

總的來說，這本書非常適合那些對中國時尚設計文化感興趣的人們，無論是學生、教育工作者還是業內人士。它不僅提供了全面的視角和深刻的見解，而且還為讀者提供了一個更廣闊的視野，讓人們更好地理解中國時尚設計文化的獨特魅力和潛力。

二、盛源心理諮詢工作室（含中國香港、臺灣地區，馬來西亞華人社區）主理人、企業**EAP**高級執行師——許盛源導師

《時尚設計文化》這本書的多元視角展現了中國獨有的文化特點和時尚元素，對於推動中國時尚的發展不可或缺。我相信藉助書中探討的內容，中國時尚界與時尚設計心理學之未來將會越來越美好，更具優秀的文化內涵和藝術品味，符合受眾消費的心理與期待。

三、中國長春市阿金尼教育諮詢有限公司——徐源校長

《時尚設計文化》主要探討多元視角下的中國時尚設計文化。該書從多方面剖析了中國時尚設計的發展歷程、表現形式以及在多元文化環境下的獨特特點。同時，該書還對中國時尚文化的未來趨勢進行了分析，旨在幫助讀者更清晰地認識中國時尚文化的內涵。

四、金吉列出國留學諮詢服務有限公司南京分公司諮詢經理——張經緯女士

中國時尚設計文化在推動國內經濟和文化方面具有重要作用，不僅為消費群體提供了更加豐富多彩的選擇，也為中國文化觀念價值的傳播貢獻了力量。另外，時尚產業還是帶動全球經濟的重要引擎之一，對於促進國內外文化交流和合作也有著積極的影響。

目錄

緒論/系統視域下的時尚設計的基本理論與價值

時尚設計文化是一門典型的、具有交叉學科背景的文化，它可以被看作是橫跨時尚設計和文化兩個領域的設計文化，並逐漸形成了自己獨 特的設計內涵與文化魅力。這是一門嶄新的學科，之所以這麼說它，乃因它不是簡單的"時尚設計+文化"，而是在時尚設計和文化深度融合之後，在各層面所衍生出來的新系統、新思維、新模式與新方法，對處於轉型升級中的中國工業設計來說，必將開闢一個嶄新的學科領域。隨著人類社會風尚在潮流時尚化進程中的不斷發展，源源不斷的時尚設計成果得以產出，在這些時尚設計成果形成的同時，也伴隨著人類時尚設計精神財富的產生。人類社會 （特別是精英階層） 在時尚設計發展過程中所產生的物質文化和精神文化的總和，體現了時尚設計的一種文化現象、文化成果與文化範式，可以將之界定為時尚設計文化。時尚設計文化隨著時尚設計生產活動應運而生，與世界時尚設計化過程相伴而存，它對時尚設計的生產和現代社會的發展起到了重要的風尚示範與潮流引領作用。當前，我國經濟發展進入新常態，這加快時尚設計範式的轉型，而時尚設計產業的升級也讓時尚設計文化更趨成熟穩定。

時尚設計文化對一個國家的發展至關重要，它不止侷限在時尚設計生產、技術創新等層面，也是衡量時尚設計競爭力的重要指標之一。

據相關數據統計，我國在2010年正式超越日本成為世界第二大經濟體，同年，在時尚奢侈品上的消費也超越日本，成為僅次於美國的全球第二大時尚奢侈品消費國家，並且在兩年後正式登頂。 在2018年波士頓諮詢集團（BCG）和第五版《真實奢侈品全球消費者觀察》中，中國時尚設計消費者已經佔到全球時尚設計奢侈品市場的32%，到2024年預計上升到40%，報告同時還判斷全球時尚設計奢侈品70%的增長將來源於中國的時尚設計需求消費者(見 https://baijiahao.baidu.com/s?id=1710387 7797773908139&wfr=spider&for=pc）。

時尚設計文化是從人類時尚設計生產活動過程中所衍生或創造出來的，隨著不斷的變化，它成了社會和時代的產物，也是一份文化遺產。 從一個國家和民族的角度來看，文化既需要保持自身的發展特色，也需要不斷地吸收外來文化來壯大自己，而時尚設計文化就是在社會的變化運動中，以新發現、新發明、新技術、新產業為變異的源泉，並且在推廣的過程中逐步形成新文化。

從時間維度上來說，時尚設計文化在量上不斷地積累和延續，在質上也產生變異與區分，進行著"發生、發展、成熟、衰亡、復興、重構、再生"的統一過程。在這個過程中，只有創新才能適應一浪接著一浪的科技革命和產業變革，同時提升時尚設計生產的效率與品質，增強新技術、新產品的供給能力。創新行為的出現可能會產生模仿，而模仿的結果是獲得更多的利益，久而久之形成習慣，最終成為一種文化。

換言之，時尚設計文化是人類時尚設計生產活動過程中所創造出來的社會性產物。

時尚設計文化在不同的條件下會形成不同的種類和模式，而其豐富的多樣性又會成為時尚設計文化交流、變革和創新的源泉。時尚設計文化雖然呈現出"不同時尚設計群體有不同文化"的特點，但不會因為某個時尚設計群體而分離或者變樣，反而以隱形的方式存儲於特定的社會群體與組織當中，形成共同的價值觀。時尚設計文化同時還具有普適性，這種特性要求時尚設計文化不會因種族、地域和時代的不同而有所區別，它是全人類共有的財富。時尚設計文化的普適性可以理解為文化觀念上的某種趨同或文化現象上的某種類似。當下，高科技迅速普及，經濟全球化進程加快，使得各個國家生活的差距逐漸縮小，這個變化也讓世界的時尚設計文化更加趨同。另外，時尚設計文化的發源和生存空間也與一定的地理生態環境、社會發展環境和時尚設計科技條件等相關聯，會在一定的空間內擴散和傳播，被一定地域的人們所創造和沿用。

第1節‧時尚設計文化的內涵

時尚設計文化的內涵可以從以下五個方面來說：

一、就時尚設計文化的精神性內涵而言

它不僅包含時尚層面，也是一種生活方式和生活場景的設計文化，未來將更側重於使用者的自我表達，畢竟消費者使用時尚設計產品最主 要是因為該產品符合了消費者的生活方式，而不止侷限於體現自身的精英感與圈層感，這也是時尚設計品牌想要通過時尚設計所傳達的精神。

二、就時尚設計文化的物質性內涵而言

人類進行時尚設計化活動的同時，也在改變著人類的物質世界，而另一方面，時尚設計文化也悄然融入現代文明之中。

三、就時尚設計文化發展的過程內涵而言

時尚設計文化是一個連續不斷的積累、傳承、創新和發展的過程。具體來說，時尚設計文化隨著時尚設計的發展不斷變化，它是一定的社會和時代的產物，也是一份社會文化遺產。時尚設計文化是人類在時尚設計生產活動過程中所產生的文化，一定程度上，是人在時尚設計生產活動中實現自身發展與完善的原動力，它在產生、發展、傳承和創新的過程中具有一定的獨立性和穩定性。

四、從一個國家和民族的發展空間內涵角度來看

時尚設計的文化發展既需要保持自身的特色，又需要不斷地吸收外來文化來豐富自己的內涵。具體來說，時尚設計文化就是在社會的變化運動中不斷發展，以新時尚設計文化發現、新時尚設計文化發明、新時尚設計文化技術、 從而為新時尚設計文化的形成提供具活力的創新源泉。同時，

在新新時尚設計文化技術、新新時尚設計文化概念得到推廣的過程中逐步形成新的新時尚設計民族性與國家地域性文化。不可否認，時尚設計文化的這種創新是在繼承自身文化的基礎上逐漸推進，因為新時尚設計文化的到來需要從繼承與革新，創新與發展的內在關聯上做總結與拓展。

五、從時尚設計文化創新內涵的維度上來說

時尚設計文化在實踐量上積累和延續，並在質上逐漸發展出文化的差異與創新。從"時尚設計文化發生、時尚設計文化發展、時尚設計文化 成熟、時尚設計文化衰亡、時尚設計文化復興、時尚設計文化重構、時尚設計文化再生"的發展過程中，不難看出惟有創新才能跟上科技 革命和時尚設計產業變革的腳步。創新不僅能夠提升時尚設計生產的效率，還能提升時尚設計產品的品質，同時增強新技術與新產品的供給能力 。

總而言之，時尚設計文化在不同的條件下會形成不同的種類與模式，它呈現出來的多樣性內涵也成為時尚設計文化交流、變

革和創新的源泉。

第2節・時尚設計文化的價值

時尚設計文化內化於人的心理之中，進而形成一種價值觀念。時尚設計文化的價值，其內部要素具有多樣性與整體性（單一要素有獨立性，但要素與要素之間又有關聯性），這反而體現了時尚設計文化的系統性，並進而影響時尚設計文化各類現象的發生、發展和演變。以其系統性特徵為依據，我們能夠分析時尚設計文化現象的成因和演變趨勢，並挖掘特定時尚設計文化現象的多元價值。

時尚設計文化的價值普遍存在於時尚設計文化系統的各個領域中，而時尚設計文化系統普遍認同的某些價值觀念、道德規範和行為準則，往往具有超越時間和地域的有效約束力。

時尚設計文化雖然隨著時代的發展而發展，具有鮮明的時代特色，但是在不同時代的時尚設計文化中，包含著一些超越時代的普遍文化價值。時尚設計文化以尊重各個領域的文化傳統價值為前提，挖掘不同領域文化中的思想資源，建構解決時尚設計發展和社會發展所面臨的共同問題的文化體系。

時尚設計文化總體上呈現了地域性文化價值，具體能從時尚設計文化發達地區到時尚設計文化落後地區的流動中看出。這很容易理解，因為任何一種時尚設計文化都是由某一具體的國別地域聚類的，依據地域文化細分，體現時尚設計文化的物質文化、制度文化和精神文化等不同的層面。時尚設計文化從時尚設計文明中孕育，然後在時尚設計創新中發展，一定程度上，時尚設計文化是生產力發展的必然產物。在時尚設計文化流動的過程中，地域性的時尚設計文化逐步走向世界，當時尚設計文化流入某個區域，便具有了濃厚的地域性特徵，這種相互溝通與相互滲透，其結果往往是時尚設計強國向時尚設計弱國輸出，時尚設計弱國被動接受或者主動學習。地域性的時尚設計文化如果能對世界其他國家的時尚設計文化產生輻射力與影響力，這種時尚設計文化才能被世界各國廣泛認同與普遍接受，也才能成為一種世界性的時尚設計文化。因此，時尚設計文化是以一個整體的系統存在。基於時尚設計基礎的共同性和全球化背景下時尚設計的整體性，不同地域間的時尚設計文化會相互融合與交流。隨著時代的發展、知識的進步，每種文化都與它相關的文化組合在一起，繼而發揮作用，而時尚設計文化正是從原有的文化基礎上發展而來，然後在已有的時尚設計基礎上對新元素加以發揚，使時尚設計文化具備相互聯繫的整體性。

就時尚設計文化與時尚技術創新的關聯性設計價值而言，時尚設計文化可以引導時尚設計技術的發展方向，並實現時尚設計技術的創新。 良好的時尚設計文化不僅能消解對創新和發展的不利因素，同時發揮著資訊溝通和交流的作用，形成一種和諧的創新環境。

時尚設計文化的價值還具備功能性和客觀性，它的功能性價值主要來自對生產力及生產關係的作用，可以理解為時尚設計文化功能的發揮是時尚設計文化價值的來源，而其客觀性價值乃因時尚設計文化的物質層面本身就是一種客觀的存在，當時尚設計制度形成之後，尤為明顯。

總而言之，時尚設計文化的價值是系統且客觀存在著，除了呈現出地域性文化價值，也與時尚設計技術創新產生關聯。

第3節・時尚設計文化的範疇

目前中國各院校開設的時尚設計文化課程對時尚設計文化的範疇還沒有完全系統規範化，具體體現在以下三點：第一、時尚設計範疇文化術語不一；第二、由於時尚設計文化的各個產業鏈參差不齊，導致時尚設計文化的範疇門類五花八門；第三、時尚設計文化的範疇風格定位模糊龐雜。

就大時尚設計的細分而言，可以利用時尚設計所涉及的商業屬類來進行多位細分與概念界定，譬如根據奢侈品管理類高級研修所界定的代表性行業分類主要有：紅酒時尚設計類、高奢皮具類、時尚腕錶設計類、時尚珠寶設計類、時尚馬球設計類、時尚服裝設計類、時尚電商設計類、時尚快消品設計類、時尚咖啡設計類、時尚高級定製設計類、時尚櫥窗藝術設計類、奢侈品二手交易類等等。

時尚設計文化的範疇又可以分為物質文化形態範疇和精神文化形態範疇。就時尚設計文化的物質文化形態範疇而言，它體現在時尚設計的以下各個環節中：

一、時尚設計創作

時尚設計創作階段的範疇，具體包括時尚設計產品設計、時尚設計生產裝備工具、時尚設計生產流水線、時尚設計生產製造工藝、時尚設計產品品質控制等。

二、 時尚設計作品

時尚設計作品階段的範疇，具體包括建築、交通、工藝、美術等產品在時尚設計產物使用過程中的時尚設計文化表現。

三、 時尚設計欣賞

時尚設計產品的製造和使用過程中所得到的反饋評價與欣賞，讓時尚設計文化的物質形態範疇得以界定。通過科學與技術、工藝與文化的融合，使得時尚設計產品的形態範疇得以體現。

至於時尚設計文化的精神文化形態範疇而言，它是以時尚設計價值觀為核心，是時尚設計文化的重要非物質載體。作為時尚設計化的思想基礎和精神動力，時尚設計精神文化包含豐富的人文精神內涵（譬如可持續發展設計內涵、合作精神內涵、契約精神內涵、效率觀念內涵、品質意識內涵等），而時尚設計文化的精神文化傳播可以通過時尚設計文化文學、時尚設計文化藝術、時尚設計文化影視、時尚設計文化音樂作品等多元形式來進行宣傳。另外，時尚設計文化的精神文化範疇也可通過時尚設計博覽會和文化旅遊來感受和延展其範疇，具體地說，時尚設計博覽會（譬如現代花藝設計博覽會、時尚寵物用品展售博覽會、時尚服飾與配飾設計博覽會等）通過欣賞、參觀、體驗、探討等模式，可直觀地感受到時尚設計文化，而集時尚設計文化遺產觀光、時尚設計文化企業考察、時尚設計文化生產線參觀、時尚設計文化休閒旅遊於一體的時尚設計文化旅遊，在弘揚時尚設計文化的同時，也樹立了諸多時尚設計文化品牌的形象。

值得注意的是，時尚設計文化企業往往可通過制定戰略目標、經營理念、文化核心價值觀和行為規範模式等方式，逐步形成自身的時尚設計企業文化，經過文化的不斷積澱，最後形成良好的時尚設計文化企業發展模式，藉以完善時尚設計文化企業的細分範疇。

由此可見，時尚設計文化的範疇十分豐富，涉及的商業門類也極其廣泛。從文化的更高層面來說，時尚設計文化不僅包括人類社會在時尚設計發展的過程中所積累下來的社會物質財富，還包括其他非物質財富，比如精神文明等。簡單地說，時尚設計文化通過物質環境文明、精神產品文明、文化活動文明等不同類型的文化載體，從而發展出多元的時尚設計文化。這些多元視域下的不同研究範疇發揮著引導作用，助推了時尚設計文化商業門類的生產活動。

此外，時尚設計文化的分類也有多種角度，既可以把時尚設計文化簡單地分為時尚設計物質文化和時尚設計非物質文化，也可以從時尚設計的性質來分。無論從哪個角度，其本質目的都是為了方便我們更加深入地理解和研究時尚設計文化。

從文化性質來看，時尚設計物質文化、時尚設計制度文化、時尚設計精神文化是時尚設計文化存在的三種主要形式，也是構成時尚設計文化結構的重要因素，以下分別介紹：

一、時尚設計物質文化

它是構成整個時尚設計文化的基礎，也是人類與自然的物質變換關係的反映，具有很強的時代特點。隨著經濟的發展和工藝技術的提高，時尚設計物質文化的總體面貌也在不斷地改變。

二、時尚設計制度文化

它反映了時尚設計各環節中的不同角色、不同背景、不同需求的人事物與環境的關係。時尚設計制度文化是人的主觀意識根據時尚設計文化活動所創造出來的，藉以規範人的行為模式和調控時尚設計文化的矛盾，同時引導時尚設計文化的良性發展。

三、時尚設計精神文化

它是人類在時尚設計生產實踐中長期育化出來的價值觀念，也是時尚設計文化整體的核心部分。時尚設計精神文化中以時尚設計價值觀最為重要，通過時尚設計生產活動培養起來的時尚設計價值觀決定著時尚設計活動中人們判斷和選擇行為方向的標準。時尚設計精神文化的發展需要一定的物質載體，它所達到的歷史水平應該與時尚設計物質文化的發展水平相適應。

總而言之，藉助對時尚設計文化範疇的研究與界定，不僅能夠多維度地揭示時尚設計文化與經濟發展之間的複雜關係與內在規律，還能幫助時尚設計文化在傳承優秀傳統文化中不斷創新，同時吸收多元背景下多國家和多民族的先進時尚設計文化精華，從而歸納創新的時尚設計價值觀和可持續的時尚設計精神。

世界時尚設計視域下的中國時尚設計制度與時尚設計文化思想是重視時尚設計文化歷史文脈的延續，具體體現在"傳統中國設計元素"。被世界時尚設計領域看在眼中和運用在時尚設計中的"傳統中國設計元素"經歷了重要的視角轉變，利用現代的時尚設計文化的基本功能要求、前沿設計理念、創新手法來表現時尚設計文化傳統文脈的形與神，正是延續中國時尚設計制度與文化思想，從而發展中國時尚設計的一個良策。 一定程度上，能夠讓中國時尚設計文化在世界時尚設計文化中逐漸得到尊重，並且逐漸立足。

小結

總而言之，中國時尚設計的內涵，價值，範疇逐漸被定義。與此同時，中國時尚設計制度與時尚設計文化思想是以時尚設計物質文化、時尚設計制度文化和時尚設計精神文化的形式存在，也是目前研究的重要課題。

第一章/世界時尚設計視域下的中國時尚設計制度與時尚設計文化思想

第1節 · 中國古代的 時尚設計制度與時尚 設計文化思想

中國古代的時尚設計制度與時尚設計文化 思想的產生與發展伴隨著中國設計史的演 變,大致可以劃分為十個時期(從石器時 期對美的時尚原始追求,到清朝工藝精湛 且製作精良的時尚設計文化形成),以下 分別介紹:

第一個時期 — — 從石器打製時期到石器 磨製時期

時尚設計的起源是隨著傳統造物起源的, 設計的歷史最早可以追溯到人類為了生存 而開始勞動,為了勞動的便捷而製作簡單 的工具開始。 具體來說,原始工具的設計 已經有了初步的時尚設計追求,即原始工具的設計在滿足功能性需求的同時，也加入對更高層次的美的需求，這包含對材料的選擇、造型、裝飾、色彩以及工藝等時尚文化元素。

原始人的造型設計觀念的產生是隨著石製工具加工技術的進步而產生，加工技術的進步擴展了石製工具的功能性，同時使其形體也趨於規範化，具有了形式感與美感。磨製和鑽孔技術的發展又使原始人逐漸發現石製工具除了形體美之外，還有色彩美、光澤美、質地美、紋理美和裝飾美等。

第二個時期—— 商周時期

此時期是青銅器時代，也是科學技術和藝術相結合的時期。製作青銅器所衍生出來的分工合作、系列化造型設計、批量化的製作方式等，在當時的手工業設計史上是一個重要的突破。

第三個時期——先秦

此時期的各種官府手工業產品已在設計原則、製作工藝和規範上制定了標準，具有"選材美，工藝精良"的設計理念，產品也體現"以人為本，為社會服務"的功能（譬如此時期的時尚車器便是）。

第四個時期——漢代

漢代是中國古代時尚設計文化史上發展的第一個高峰時期，此時期的漆器在生活中被大量使用，逐漸取代青銅器的地位。青銅器雖然在漢代已經逐漸近入尾聲，但青銅燈具的設計及其合理使用的功能，還是值得讚賞（漢代的青銅燈具具有優美生動的造型、富麗精緻的裝飾和做工精良的工藝，成為中國古代燈具設計的典範）。漢代同時也是織染繡品設計和服飾設計全面發展的時期，而符合當時風尚的建築、傢俱和室內設計也在漢代取得了突破。值得一提的是—— 漢代的中國漢字本身就是傑出的、具時尚性的平面設計傑作。

第五個時期——三國兩晉南北朝

從三國兩晉南北朝開始，中國古代的實用產品進入了瓷器時代。

第六個時期——唐代

唐代是中國古代設計史上多元文化廣泛交匯融合的時期，瓷器生產規模進一步擴大，生產工藝不斷提高，形成"南青北白"的生產格局。與此同時，時尚陶器也大放異彩，其中典型的代表性產品便是"唐三彩"。"唐三彩"以其特殊的使用功能和藝術風采，在設計史上佔有一席之地。此外，能體現唐代時尚設計文化特點的還包括金銀器、絲織品和時裝（唐代時裝風靡一時，以華麗多彩著稱）。在唐代，時尚設計還出現兩極分化的現象，表現在漆器上便是—— 民間漆器仍然是質樸的使用型產品，但宮廷貴族使用的漆器已經從實用性轉變為欣賞性。

第七個時期——宋代

宋代的設計已經走向成熟，最典型的特徵是時尚設計文化開始走向市場化、商品化和平民化。在當時，宋代民間的手工業時尚產品得到長足的發展，甚至能與官府主導的手工業產品設計相媲美。與此同時，宋代的瓷器產品設計與生產達到了巔峰，產品風格自成體系，表現出時尚的藝術魅力。另外，時尚商標設計和時尚廣告設計也在此一時期逐漸成型，具體的形式有：

實物式、門樓式、銘記、旗幟式、招牌式、印刷式等。至於時尚傢俱設計和室內裝飾設計方面，宋代也取得不小的成果，比如中國典型的木構架建築結構、室內傢俱的整體設計和擺設也在中國宋代臻於成熟。

第八個時期—— 元代

元代的時尚手工業設計非常繁榮，其代表性作品為元代青花瓷和加金織物，這正是時尚設計融合的代表性產物，融匯了蒙古族和漢民族的時尚文化。

第九個時期—— 明代

明代是中國古代各項手工業設計的集大成時期，許多設計產品在當時的世界設計史上處於領先的位置，其中最傑出的代表便是明式傢俱的設計。明式傢俱的功能齊全，具豐富、配套、實用等特性，滿足人們居住、貯藏、玩耍和社交的需求。另外，明代也是織染繡品和平面設計的成熟時期。

第十個時期——清代

清代的設計在前半期還是取得了一些成就，但後半期卻隨著清朝封建統治的沒落而日漸衰敗，中國古代的設計發展至此走到了窮途末路。清代設計的最大的問題是缺少了設計與科學技術的結合，導致設計幾乎沒有創新。

第2節·中國近代的時尚設計制度與時尚設計文化思想

改革開放以來，中國的時尚設計文化蓬勃發展，中國時尚設計師和時尚設計品牌為了更好地發展，主要從以下兩方面發力：

一、中國製造

中國的時尚設計品牌根植於腳下的土地，在"中國製造"的基礎上，用較低的價格去豐富中國人的衣櫥，通過自主創新，讓國人的時尚設計走向一個新的里程碑。

二、 擴大市場份額

企業嘗試用具有中國特色的時尚設計文化語言在國際上講述中國特色的時尚設計故

事，擴大時尚設計市場份額，實現傳達東方審美文化的目的。

與此同時，很多中國本土的時尚設計文化品牌也在積極地探索和努力，功不可沒。

第3節·中國現代的時尚設計制度與時尚設計文化思想

中國現代的時尚設計，初現端倪的時間並不晚於西方，譬如1920～1930年，上海的現代時尚設計就曾風靡一時，但隨著日本帝國主義對中國的大舉入侵，中國的時尚商品經濟幾乎進入停滯狀態，連最基本的工業生產都難以為繼，更別提與西方發達國家之間的時尚文化交流了。連年的戰爭窒息了中國現代時尚設計的發展，直至1949年中華人民共和國成立，由於政府高度重視傳統工藝和民間工藝，這才奠定了20世紀中葉中國藝術設計重振旗鼓的基調，當然，也包括時尚設計。

20世紀80年代初，改革開放的春風吹遍整個中國大地（當時曾受到西方"後現代主義"思潮的影響，譬如意大利孟菲斯風、賽博朋克時尚風等），中國的現代時尚設計與藝術設計抓住這個機遇，一起邁入繁榮發展的嶄新階段。隨著中國社會大規模的工業化建設，市場蓬勃發展，人民的時尚水準大幅度提高，加上改革開放，一些時尚產品及其背後引領的時尚生活方式開始湧入，使得時尚廣告、時尚服飾、時尚裝潢等逐步在大城市立足。

總而言之，中國的現代時尚設計經歷百年來的發展，留下許多難忘的成就與寶貴的經驗。

小結

中國時尚設計文化從中國工業文化的思想基調出發，經歷了近代民族輕工業的發展而發展， 在新型工業化思想的引導下，中國時尚設計也走上了工業化的道路，並且以科學化的方式向前發展。

第二章/比較視域下的中國時尚設計文化與時尚設計精神

中國時尚設計的正式起步始於民國時期，此後，中國人在效仿西方與摸索東方中逐步形成了具中國特色的時尚設計體系。隨著中國時尚設計體系的建立，逐漸從"時尚設計中國製造"走向"時尚設計中國智造"。在此過渡期間，時尚設計精神的凝聚顯得十分重要，因為時尚設計需要文化自信，所以要從弘揚優秀傳統文化中尋找精氣神，可惜這個部分目前還未臻完善，這也是今後該加強的地方。

第1節・時尚設計精神的界定

優秀的時尚設計離不開堅實的時尚設計精神作為支撐，全世界的時尚設計發展莫不如此。隨著時尚設計化過程的產生和發展，時尚設計精神逐漸凝聚展現。所謂的時尚設計精神是為時尚設計生產活動提供深層次動力和支持的一種時尚設計價值觀，它貫穿從事時尚設計的主體、表現在時尚設計行業的運行和時尚設計成果等方面，正如文化之於人，是人的靈魂，而時尚設計精神之於時尚設計，也是時尚設計的靈魂。

2008 年，韋桂華在全球品牌網發表文章《重鑄"時尚設計精神"氣質》，他認為"時尚設計精神的要義包括專業化精神、務實精神和執著精神等。這些要義應當植根於眾多中國製造企業的靈魂深處"。汪中求在《中國需要時尚設計精神》一書中指出，時尚設計精神必須對未來負責任，其內涵包括合作精神、契約精神、效率觀、品質底線、科學觀、創新精神、持續發展觀、城市精神……等 (見 http://jjckb.xinhuanet.com/2013-09/03/content465481.htm) 。換言之，時尚設計精神在時尚設計的道路上至為重要，因為時尚設計活動離不開時尚設計主體的參與，而時尚設計主體乃時尚設計精神的體現。

在時尚設計的勞動中，時尚設計主體要具有"專注一處的能力"與"主人翁的責任感"，並有極大提高效率的自制力和節儉心。在工作中將個人利益置後，主動關注消費者的需求，主動承擔社會責任，多幹實事，少說空話，以個人的本職（時尚設計文化工作）推動時尚設計文化企業的發展，進而滿足社會對時尚設計文化的需求，一定程度上，是一種甘於奉獻的時尚設計文化行業的主人翁精神。所謂的"主人翁精神"，意味著參與時尚設計活動的時尚設計主體在時尚設計活動中以主人翁的責任感和使命感參與時尚設計活動，去追求和實現個人理想，並且自覺制定和遵守工作守則，這是時尚設計主體尊重自我、規範行為的基本要求。

"時尚設計行業職工守則"是工作主體進行自我教育的公約，是時尚設計主體集體共同遵守的基本思想規範和基本行動準則，可以提升時尚設計主體的個人素質，塑造個人的精神人格，為時尚設計文化活動產生更高的價值。如果時尚設計主體缺少對規則、秩序的執著和堅守，那麼團隊意識、奉獻精神、競爭精神等就很難凝聚起來，顯然，這會影響時尚設計活動的良性發展。

時尚設計主體參與的時尚設計活動，有時就是一個人一生的寫照，他們用生命詮釋了時尚設計主體的時尚設計精神，譬如中國的很多實業集團便是。拿中國高鐵來說，中國高鐵用數年的時間走完了發達國家用數十年才走完的路，創造了世界奇跡，打造了一張中國製造的"國家名片"，這張流光溢彩的名片背後便是中國高鐵設計者的時尚設計精神。

在時尚設計進程中，時尚設計革命所帶來的機器生產需要各個生產部門的協同合作，在此過程中，集體的協作精神非常重要。雖然每一個時尚設計主體在時尚設計運行中的主觀性必不可少，但是這些時尚設計主體又是時尚設計行業運行中的一份子，作為團隊的一員，他們需要明確時尚設計師個人和時尚設計團隊的目標，明確個人的角色定位和在團隊中的作用，各司其職，盡職盡責，分工明確，互相合作，以快速敏捷的運作，有效地發揮角色所賦予的最大潛能，從而推動整個時尚設計文化系統的高效運轉。

可見時尚設計運行離不開工業設計機械化生產與團隊協作，而在協同合作的過程中，普遍認同和共同遵循的價值取向與行為規範會逐漸形成定式，凝結成時尚設計運行中的時尚設計精神。

時尚設計運行中的時尚設計精神主要存在於合作和生成之中，以一種動態的形式存在，主要包括追求一次到位和剩餘價值最大化的效率精神、體現自由意志契約精神和誠實守信精神等內容。效率是社會發展不斷追求的目標，是資源的有限和欲望的無限之間矛盾的平衡點。在時尚設計活動中，追求效率是重要的原則，效率是企業經營的基點和管理的核心。對於效率的追求，往往會形成一個衡量的標準，以此來規範效率的時尚設計目標、時尚設計手段、時尚設計過程、時尚設計結果等。效率強調時間的最大化利用，對時間進行管理能夠在時尚設計運行中合理分配時間，高效地完成工作任務。

時尚設計運行的同時離不開市場環境，公平的市場競爭能通過優勝劣汰的機制，不斷改進市場的配置效率，並迫使企業不斷創新與提升效率。人才的培養與工人技能水準的提高是時尚設計效率提升的關鍵。高校人才與應用技術研究機構的對口合作，高素質的工程師與高技能的產業工人的培養、培訓等，都有助於提升中國時尚設計的整體勞動生產率。值得注意的一點是——效率的提升不能突破品質的底線。從諸多中國企業的成長過程中，我們可以發現中國企業從20世紀80年代末期就已經開始關注日本的精益管理，但經過三十多年的探索和努力，仍然沒有在時尚設計運行中很好地踐行，也沒有轉化成文化和習慣滲透到時尚設計運行的進程之中。日本企業精益求精的時尚設計精神不僅是對效率的追求，也是對質量的重視，零缺陷的品質標準使時尚設計效率的追求具有意義，也才能在時尚設計領域中達到領先水準。

與此同時，效率的追求和品質的保證離不開時尚設計運行中的契約精神。契約精神是時尚設計化過程中的必然產物，隨著時尚設計化的發展、契約精神以各種形式出現在時尚設計行業的運行之中，可以說，沒有契約精神，時尚設計文明就無從談起。完善的法律制度是契約精神的前提，恰好這些都是中國時尚文化中比較缺失的，也是中國時尚設計文化企業家的弱點。隨著中國時尚設計文化進程的發展，中國時尚設計業的契約精神也在逐步完善與弘揚，這離不開"誠信"二字。誠信讓時尚設計文化企業得以安身立命，更是發展的根基，這種文化修養是從思想理念到制度建設，再轉化為文化習俗，是一個逐漸演進的過程。拿中國近代的徽商為例，徽商取得的巨大成功與其誠信的口碑密不可分，這成為徽商在商場中克敵制勝的"撒手鐧"。同樣的道理，在時尚設計運行中自覺地遵守誠信，往往會在時尚設計活動中收穫最大的利益。這種誠信精神會逐漸轉變成一種文化、一種習俗，最後形成一種社會風氣，落實到時尚設計文化活動中，即是一種時尚設計精神，可以代代相傳，形成品牌和信譽。換言之，時尚設計文化企業既要靠道德法則的支撐和良心的自律，也要靠體制機制的完善和法律的剛性約束，形成時尚設計文化企業運行中的誠信精神，誠如格力電器總裁董明珠所說："所謂'吃虧'就是先付出，再講獲取，不是一味地想著自己的利益，否則社會不可能和諧。我們奉獻了自己的價值，人們用我們的產品改善了生活，擁戴你的人才會越來越多。'吃虧'不在於創造了個人財富，而在於創造了社會財富。(見https://www.yicai.com/news/1157412.htmt)

毫無疑問，時尚設計精神引導時尚設計主體通過時尚設計運行創造價值。以"德國製造"為例，德國產品已經成為高附加值、精益求精的象徵，無論價格高低，基本都具備精密、務實、安全、可靠、耐用等特徵。然而，在德國時尚設計製造發展的初期，德國產品是廉價、劣質、低附加值的代名詞，當時英美等發達國家就曾嚴厲批評德國產品的品質粗劣。覺醒後的德國時尚設計文化企業知恥而後勇，抓住國家統一與時尚設計革命的時代機遇，用了近十年的時間，使"德國製造"超越了"英國製造"

，當時的德國在鋼鐵、化工、機械、電氣等領域已經湧現出一大批全球知名的企業，以品牌強國形象傲視全球。再看看我們的"中國製造"，中國已經是全球最大的製造國家，但中國產品在世界上卻以廉價、低質的形象存在，極待提升。

因此，在時尚設計運行中，中國時尚設計需要在時尚設計成果中強化品質精神，當前時尚設計產品中的各種品質問題也迫切需要優秀時尚設計文化的引導。

在對產品品質的追求方面，中集（集團）股份有限公司探索出了一條"ONE"的管理模式，建立員工對產品整體的品質觀，不僅要在自己負責的崗位上做到最好，還要監督上下道工序，建立"不允許不良品質流入下道工序"和技術創新的思想。此模式先從集團內小範圍試點，再到全集團推廣，接著開始向外輸出。精益ONE 模式後來成為中集集團管理升級的主動力，其設計、準備、嘗試、實施和優化的全過程頗具樣本價值，對於許多深受市場變局和粗放經營雙重壓力的中國企業，有一定借鑑意義。（見 https://www.hbrchina.org/2014-030716647.html)

"ONE"的管理模式僅僅是中國時尚設計精神探索之路的一小步，中國時尚設計精神的發展目前依然任重而道遠。

總而言之，在時尚設計生產中，當面對相同的時尚設計原料時，必須以品質精神、效率精神為指導，才能更好地發揮蘊含在時尚設計原料中的產業價值。由於時尚設計生產廣泛運用機器、人造材料、近代能源等，需要運用到科學管理方法，所以在生產過程中，自然而然體現出尊重科學、重視技術和教育的精神。科學技術成果是時尚設計發展的動力來源，意思是時尚設計發展需要更為實用且先進的時尚設計科技，而科技的進步同時激發人們的積極性和創造性，表現在意識形態和制度方面便是促進自由平等競爭和保護智慧產權。

在時尚設計化的經濟總量已經達到相當高水準的今日，中國時尚設計的生產方式（特別是從時尚設計文明角度考察）仍存在重大缺陷。也就是說，中國時尚設計文化企業的發展仍有很長的路要走。

綜合以上所述，時尚設計精神的內涵可以理解為在時尚設計化過程中所產生和發展的理性態度和道德文化追求。這種理性態度包含整體系統意識、合作共贏觀念和實證求是等方面的精神；道德文化追求則包含職業素養、社會責任、契約意識等方面的內容。另外，時尚設計精神的外延，與時代精神和民族精神的交匯融合，當下體現在時尚設計創業精神、時尚設計創新精神、時尚設計工匠精神三大方面。

第2節・時尚設計職業文化與時尚設計文化創業精神

在當代，時尚設計職業文化已然成為綜合國力競爭的一個重要因素，因為它是民族凝聚力和創造力的重要源頭。換言之，在國家的時尚設計建設中，擁有良好的職業文化素養就是擁有了時尚設計勞動的競爭力，這是由於人們在長期從事的職業生涯中會逐步形成某種相對固定的價值觀念、思維模式以及行為規範，同時，相對應的行業禮儀、習慣、風氣等也會形成。 在此文化背景下，時尚設計文化創業者在進行時尚設計文化創業的過程中就會受到這些因素的影響。職業文化的核心內容是對職業使命、 職業榮譽感、職業心理、職業規範以及職業禮儀的自覺體認和自願遵從。從理念層次上來說，職業文化對從業者和時尚設計文化創業者所產生的影響是無形的、潛移默化的，但在制度層面上，職業文化卻是有形的，意即時尚設計文化的創業精神或隱或顯地受到職業文化的制約。

雖然時尚設計文化創業常常是以開創新公司的方式產生，但時尚設計文化的創業精神卻不一定只存在於新時尚設計文化企業，一些成熟的組織，只要創新活動仍然旺盛，該組織就依然具備時尚設計文化的創業精神。時尚設計文化創業精神一般應具備創新、激情、積極性、適應性、領導力等性格特徵。

時尚設計文化創業可能意味著一切都是從零開始，從無到有、從小到大，逐步形成時尚設計文化業內人人相互尊重的文化氛圍及共同的價值觀。在這不斷前進創造的過程中，種種的壓力會不斷出現，此時，職業精神的實踐尤為重要，它體現在敬業、勤業、精業、創業、立業 等五方面。

時尚設計文化創業精神是一種能夠持續創新成長的生命力 ，可以從以 下三種方式來進行創新：

一、碳中和

為了應對氣候變化，推動以二氧化碳為主的溫室氣體減排，中國曾提出力爭在2030年前讓二氧化碳排放達到峰值，並且在2060年前實現碳中和。此"2030目標"的提出，碳中和立刻從一個遙遠的美好願景，變成一個清晰的美好路標。在國家政策利好下，近年來碳捕集、碳利用等減碳技術快速迭代，新能源、儲能、碳交易和碳管理等各種解決方案陸續落地，碳中和成為創投市場裏最大的熱點之一。在此背景下，時尚設計文化創業者更需要關注這個本質。

那麼，碳中和時尚設計文化創業的真正機會在哪里？哪些新技術將會在未來有真正廣闊的應用前景？如何在不犧牲發展和生活品質的前提下解決碳中和的問題？碳中和又為中國時尚設計文化企業在國際市場中帶來了哪些彎道超車的機會？

以上都是值得深入探討的課題。

二、在個人願望的指引下，從事創新活動。

時尚設計文化企業家們都有一雙銳利的眼睛，能夠發現一般人所無法發現的機會、能夠運用一般人所不能運用的資源。具有創新精神的時尚設計文化企業家像是一名充滿激情的藝術家，能夠找到一般人所無法想像的辦法，在產品上創新或是在技術上創新、還可能在組織形式上創新。這種敢於冒險的精神，才有可能在時尚設計文化創業中脫穎而出，立於無限風光處。冒險精神是時尚設計文化企業家難得的稀缺資源，從時尚設計文化企業的戰略制定與實施，到時尚設計文化企業的生產規模制定，再到新技術的研發和新市場的開闢等，都需要時尚設計文化企業家勇於承擔決策的風險。也就是說，時尚設計文化企業家人格中的敢於冒險精神，使其能在創眾之中脫穎而出。

三、以群體力量追求共同願景，從事創新活動，進而創造組織新面貌。

在一個組織內部，集體協作的力量是強大的。 隨著現代時尚設計文明的發展，社會專業化分工越來越細。有分工就必然有協作，分工與協作已經成為一種趨勢。

當今時代，如果缺乏團體協作精神，是不太可能取得較大的成功，只有在溝通中傳遞資訊，在交流中相互學習，才能在工作中不斷完善，也才能做得更好。事實證明，一個單位、組織或者部門，不僅要依靠領導的殫精竭慮，還要靠員工的積極參與和回應，如果僅僅依靠某一個或某幾個所謂的精英人士孤軍奮戰，這個團隊註定要失敗。

越複雜的產品，需要的工序越多，同時，部門與部門之間，個人與個人之間的協調與配合也就越發重要。協作是任何組織存在與發展的基礎，同時也是時尚設計化生產的前提。可以說，沒有團隊協作就沒有現代化的生產方式，也生產不出現代汽車、航空母艦、飛機、火箭等產品。正是有精密的協作，時尚設計化組織的分工能愈來愈細化，也就越能實現富有共贏的目標。

真正的時尚設計文化企業家其實是擅長把社會上一些很不相同的人組織在一塊兒，形成一個小群體，或者把一盤散沙凝聚起來，這種合作精神是要有非常強的"結網"能力和意識，時尚設計文化企業的生存與發展，關鍵在於從內部形成一種凝聚力，最大限度地激發員工的積極性與創造性，形成積極向上的價值觀和道德觀，從而獲得共同的利益和達成共同的目標，這是時尚設計文化企業成功的必要因素。

另外，時尚設計文化作為集成創新，有以下三個特點：

一、時尚設計文化具有原型或原生材料

也就是說它具有供集成的客體，而供集成的客體不僅可以是同一種類或者相近種類，也可以是比較疏遠的種類。

二、時尚設計文化在創作過程中會"消融"在自己的產品中

時尚設計文化作品是一種特殊的審美價值，它和其他審美價值既有聯繫，又有區別。這種聯繫和相互作用形成了藝術設計世界內部結構的"形態學脈動"，使藝術設計的疆界不斷地產生變化。

三、時尚設計文化通過研究藝術設計，消化吸收後再創新

這一點與原始創新不同，它的投資風險小，實施週期短，能夠帶來巨大的經濟效益，有利於培育企業集成創新的能力。

總而言之，時尚設計文化企業要發展，要立於不敗之地，就離不開創新，離不開學習的過程，而時尚設計文化企業家在建立時尚設計文化企業、創造財富的同時，也在履行著社會責任和完善自我成長，形成不可替代性的精神財富，這些精神既包括創新、精明、富有遠見的開拓精神，也包括敢冒風險、有判斷力、充滿信心的勇敢精神，還包括樂於學習、敬業、誠實守信的職業精神。

第3節・時尚設計新興實踐與創新精神

藝術設計的複雜性和變易性可拿美國和歐洲做例子：美國在藝術設計方面比歐洲起步晚，可以說，美國藝術設計的形成是歐洲藝術設計美國化的過程，但從20世紀40年代中期起，藝術設計開始在美國工業中牢固地紮下根來，這和美國實現工業自動化不無關係。當時美國時尚設計文化工業中不僅使用機器和生產流水線，並且推廣科學管理，生產了大量帶有藝術設計印記的產品，對美國公眾的審美趣味產生非常深遠的影響。與此同時，美國化的設計也重返藝術設計的故鄉（歐洲），並奠定了歐洲藝術設計美國化的基礎。

時尚設計文化綜合了藝術活動、技術活動、設計活動和生產活動等多種實踐領域，考慮到消費者的各種需求和價值取向，藝術設計理論也要綜合有關的知識領域，包括哲學、社會學、美學、藝術學、經濟學、文化學、人體工程學、工藝學等。以這些知識為基礎，才能構建自成體系的藝術設計理論。顯然，這是一項十分艱巨的任務，要靠許多學者和各領域人才的共同努力才能完成。

時尚設計文化呼喚出新興實踐與創新精神，一定程度上，源於藝術設計的複雜性和變易性，因為藝術設計具有各種類型和各種模式，難以用單一的定義來規範它，這取決於各國社會經濟結構和工業發展水準的差異，又取決於藝術設計對象的差異（譬如汽車或燈具、電視或鐘錶、單一對象或綜合對象等）。時尚設計的新興實踐與創新主要表現在五方面：

一、文化創意產業

文化創意產業是一種在經濟全球化背景下產生的以創造力為核心的新興產業，強調主體文化或文化因素依靠個人或團隊，通過技術與創意，和產業化相結合。"創意設計"是產生新事物的能力，這些創意設計必須是獨特的、原創的、有意義的。也就是說，文化創意設計的核心競爭力是人自身的創造力，由原創激發的"差異"和"個性"是文化創意設計的根基和生命，典型代表是清華大學未來實驗室。這個實驗室成立於2017年12月15日，是清華大學科研機制改革和推動跨學科交叉的重大舉措，以"計算、傳播、媒體、藝術匯聚合一"為願景，通過"原創性、交叉性、顛覆性"的無疆界技術創新，對人類認知、互動、邏輯產生變革，促進人機物融合的社會發展。在此背景下，清華大學未來實驗室與中天昊業控股有限公司合作，成立清華大學文化創意設計研究中心 (Center for Culture Creative Design，Future Laboratory，Tsinghua University)，將文化創意設計研究應用領域深入合作，具有以下四個特點，在一定區域範圍內卓有成效。

(見 http://thfl.tsinghua.edu.cn)

1、清華大學文化創意設計研究中心有效地探索文化創意設計的核心，具體來說，即是一定程度上探索人未來的創造力以及最大限度地發揮其創造力。

2、清華大學文化創意設計研究中心有效地利用媒介載體，把傳統媒體與新媒體的既有共同點結合起來，以人工智慧、動畫、影視、混合現實等多種形式呈現，最終應用到文化創意產業的建設中。

3、清華大學文化創意設計研究中心有效地評估我國文化與旅遊行業碳中和現狀，從理論與實踐相結合的角度探索雙碳背景下我國文化與旅遊行業綠色高質量發展模式與科學路徑的創新設計研究。

4、清華大學文化創意設計研究中心有效地圍繞不同領域人才，開展研究合作，包括大數據時代的人力資源創新與變革、人才測評創新、 創新藝術人才發展、大學生創新創業能力綜合評價體系等創新設計研究 。

二、碳中和戰略性的創新創業

碳中和戰略性的創新創業是另一種時尚設計新興實踐，一定程度上，是引領國家未來發展的重要力量，譬如2022年第二屆智慧城市原創設計展及智慧城市建設產業博覽會便是碳中和文化背景下當下時尚設計文化新興實踐的典型代表。該設計展以"雙碳引領，匯智未來"為主題，更好地踐行綠色發展理念，圍繞著現實空間的環保、安全和可持續發展，通過一系列創意設計，引領新興智慧低碳的生活方式，共建共用綠色家園。同時，通過展會活動，也為廣大設計單位、設計師及高校師生提供了一個專業性與社會性交融的平臺，有效促進行業內的交流與互動，共同助力實現"雙碳"目標，使城市更加宜居與美好。

三、與時尚設計科技的創新融合

時尚設計科技和時尚設計文化的關係在於時尚設計科技更加傾向於解決時尚設計的技術問題，而時尚設計文化本身則更多關注設計的服務對象——人。另外，時尚設計科技為設計研究的展開提供了新興手段、新興思路和新興實現的途徑，而時尚設計文化則是將時尚設計科技新興研發和時尚設計的科技成果轉變為改變人類生活方式的創新性實踐活動。

一定程度上，時尚設計科技和時尚設計文化的相結合能夠成為推動時尚設計新興實踐興起與進步的重要力量。

目前， 時尚設計圈應對人類發展所面臨的共同挑戰有以下五點：

1、服務產業創新升級轉型，助力時尚可持續創新的新生態發展。

2、以時尚設計之美為媒介，搭建時尚設計創新平臺，引導國際時尚設計的多方跨家合作與交流。

3、培育我國時尚設計新銳新興實踐後備力量。

4、基於時尚設計傳統遺產的繼承，推動時尚設計文化領域的革新步伐。

5、促進時尚設計產業的政產學研互動，從而引領全球時尚設計文化發展的未來創新趨勢。

可以說，我國的時尚設計科技與時尚設計文化的創新融合正在大步向前，比如"中意青年未來時尚設計大賽"便是有效地強化了時尚設計品牌，聯動了時尚設計政產學研優質資源，匯聚了時尚設計的設計創新領軍人才，打造了時尚設計的國際設計交流平臺，推動了時尚設計的設計創新成果轉化，引領了時尚設計的創新文化發展方向；又譬如"AI與服裝設計的結合"是時尚設計新興實踐的一個重要方向，它展現出的是人的主觀能動性和電腦的強大計算能力的強強聯合，既滿足服裝個性化、多元化的創新需求，又滿足自動化、智能化的生產需求，由此將加速生產變革，帶來巨大的商業價值和社會效應。

四、時尚設計文化藝術展覽

時尚設計文化藝術展覽也是一種時尚設計新興實踐，以"北京國際當代琺瑯藝術展"為例，2022年6月8日，展覽在中華世紀壇藝術館綜合展廳啟幕，以"守正‧創新"為命題，共分為"守正經典"、"禮之重器"、"時代風韻"、"華彩世界" 等四個板塊，集中展示當代琺瑯藝術領域的優秀創作與前沿探索，呈現工藝本身的藝術價值與發展潛力，發掘琺瑯藝術緣起於當代語境的全新審美命題與學術課題，促進琺瑯藝術全領域文化與思想的碰撞。此外，展覽中的展品既保留了鮮明的地域特色與民族特性，又具備兼容並蓄的國際視野和與日俱新的時代風格，為琺瑯藝術的時尚設計思考、時尚設計創作與時尚設計發展提供了新的可能。

毫無疑問，時尚設計文化藝術展覽是一種時尚設計文化的新興實踐，以時尚設計之美為媒，強化時尚設計國際交流，增強了時尚設計文化自信。與此同時，展覽還搭建起相關藝術院校、行業企業及從業人員的連接平臺，促進了琺瑯藝術領域內的資源整合、優勢互補與聯合互動，是琺瑯藝術領域產學研深度融合和藝術賦能的重要體現。

五、時尚設計與文化交流設計週

設計週的宗旨是藉助設計作為媒介，促進與世界各國之間的時尚設計與文化交流。以"Top S+2022第三屆中韓國際設計週"為例，設計週由設計競賽、設計工作坊、設計展、設計論壇等四個主要部分組成，宗旨是藉助設計為媒介，促進亞洲及世界各國之間的設計與文化交流，同時相互攜手，立足新時代，回應新需求，以學術和產業的融合化、國際化、本土化為目標，共同構築亞洲設計文化共同體，讓"Top S+2022第三屆中韓國際設計週"成為溝通中韓兩國乃至全球設計文化互通的橋樑，彰顯世界各國的設計文化自信。

中韓國際設計週是中國最具影響力的國際性年度設計類文化交流與研討活動，其中的"國際青年博士論壇活動"是設計週中的一個特色活動與新興實踐。該論壇致力於為來自全球不同高校及研究所的專家學者們提供多樣化的學術平臺，目的是用設計促進社會交流，並加強與亞洲乃至世界各國之間的文化、藝術、教育、社會等方面的合作，構建國際化的學術社群平臺。

總而言之，時尚設計"新興實踐"是基於時尚設計教育與前沿理念，通過新興時尚設計的創作理念、作品範式與欣賞理論等，有效研究時尚設計的新興專業、新興價值與新興途徑，而以上這些新興實踐都離不開創新精神。

.

第4節 · 時尚設計品牌文化與工匠精神

據相關統計數據，我國民眾對於本土時尚設計文化產品的購買力和喜愛程度遠不及對歐美品牌的購買力和青睞，他們更願意購買歐美時尚設計大牌及知名時尚設計集團下具備幾十年歷史的品牌。 一定程度上，這源於對大品牌的信賴並願意為同等品質商品付出其品牌的溢價。 （見https://www.docin.com/p-2407577128.html）

中國時尚設計文化創新企業正努力從"中國製造"轉向"中國智造"，由於我國消費群體對名牌的喜好，"收購和入股海外知名時尚設計文化品牌"成為邁出的一大步，以下列舉三個例子：

一、2017 年，七匹狼以3.2 億元入股法國品牌 KARL LAGERFELD，收購該時尚品牌大中華區的運營權。

(https://f.leikw.com/fashion/vn5116.html)

二、2018年，複星時尚集團收購法國歷史最悠久的高級時裝品牌之一 Lanvin, 此外集團旗下還擁有另外三個控股品牌，它們是奧地利高端內衣品牌 Wolford、美國奢侈女裝品牌 St John 和義大利奢侈男裝品牌Raffaele Caruso SpA。

(https://baijiahao.baidu.com/sid=1752295754857764129 &wfr=spider&for=pc)

三、2019年，全球氨綸第一品牌美國萊卡 LYCRA 正式被山東如意集團收購。截止目前，該集團已持有法國輕奢服飾集團 SMCP SAS 和大中華唯一高端男裝集團 Trinity Ltd. 利邦控股有限公司的控股權，前者旗下擁有 Maje、Sandro 和 Claudie Pierlot 三大暢銷品牌，後者旗下擁有 D'URBAN、Kent & Curwen、Gieves & Hawkes等全球知名男裝品牌。此外，山東如意集團還擁有英國品牌 Aquascutum 和瑞士奢侈品牌 Bally。

（見 https://baike.baidu.com/item/ 山東如意科技集團有限公司/8621736）

雖然中國企業對如何管理國際品牌（尤其是高級品牌）尚且需要學習和磨練，但這些企業資金雄厚，無疑能給這些品牌打一劑強心針，譬如2009年，義大利品牌 Fila 由於經營不善正在走下坡路，安踏體育把 Fila 的中國商標權及運營業務收入囊中，10年之後不僅 Fila 重新受到消費者喜愛，安踏體育也成國內市值最高的服飾零售集團，可謂是雙贏。總而言之，收購和入股海外知名時尚設計文化品牌，以雄厚的經濟實力作為後盾，又擁有國內廣闊的市場作為基礎，再加上這些國際品牌的知名度，全球時尚產業的下一個巨頭出現在中國可能只是時間問題。

毫無疑問，時尚設計文化需要品牌文化，反觀國內，國民潮牌的適時出現恰恰迎合這個需求。

崔榮榮教授表示互聯網的飛速發展，讓網路信息擴散、為"國潮"提供了一個良好的傳播環境，老牌國貨的轉型也為"國潮"的發展提供了源源不斷的優質內容，使得當代年輕人對中國傳統文化的審美日益認同。

（見 https://www.sohu.com/a/465763945
1）

有了品牌，還需要工匠精神，就品牌可持
續創新文化與工匠精神而言，時尚設計的
品牌文化和產品的工匠精神有三條進化線
：可持續創新時尚奢侈藝術化、可持續創
新功能品質科技化、可持續創新復古跨界
混搭化。其中的"可持續創新"若放在中國
潮牌上，便是時代審美與傳統文化的共生
，是具有鮮明的歷史性、時代性、內容性
和故事性的設計；是能引起民族共情共性
的懷舊情結設計；是復古懷舊的情緒煥新
設計；是具有現代審美的時代特色設計。
也就是說，可持續創新的國潮不僅展現國
際潮流的創新中國風，也體現了中國傳統
文化的經典中國風。

可持續創新 (Sustainable innovation) 對時
尚設計文化創新企業的決策很重要，是創
新活動和獲取競爭優勢的核心內容之一。
時尚設計文化創新企業要瞭解產業持續創
新的模式規律，增加對持續創新經濟價值
的認識，培養持續創新能力，消除制度障
礙，獲取競爭優勢。要改變的不僅僅是業

務上的設計可持續，同樣需要改變的是設計精神和設計價值觀上的可持續理念，從而自上而下，從領導到員工、從企業業務到生產的可持續理念的滲透。

小結

時尚設計精神是現代設計文化產業價值通過時尚設計活動折射出來的一種精神風貌。中國的時尚設計在時尚中國製造到時尚中國智造的過程中不斷地摸索，通過創新前行。當下，中國時尚設計產業發展的未來之路應在時尚設計精神的引領下，將時尚設計文化建設融入中國時尚文化發展的全過程中。中國的時尚設計精神離不開優秀的中國傳統文化，也離不開借鑑國際時尚設計產業發展的寶貴經驗，然後以兼收並蓄的態度發揚時尚設計精神，生成符合新時代發展的時尚設計文化新體系和新政策。同時，在時尚設計文化發展的過程中，注意吸收世界時尚設計文化精髓，立足本國時尚設計產業現實，以科技強國的愛國精神，不斷更新時代的時尚設計精神，推動時尚設計工業文化的繼承與革新。

時尚設計文化創新的流行從來都不僅僅只是藝術傳播，它是時尚設計消費品市場加速轉型的內在需求，是具有多重屬性的時尚設計文化創新商業產業。與此同時，消費者對於時尚設計文化創新產品的選擇也是潛在的時尚設計文化創新評價標準。

目前，中國時尚設計文化領域的設計師已經逐漸受到世界矚目，同樣值得被世界關注的是中國時尚設計文化創新企業。當設計師們正努力調整自己，好融入西方的時尚體系時，中國時尚設計文化創新企業也同樣蓄勢待發。

第三章/分類視域下的中國時尚設計行業文化

所謂的"行業文化"，其形成與本身特點和原有的文化基礎緊密相關，不僅是實踐與理論相結合的產物，也是行業發展與從業者智慧相結合的產物。當行業文化形成的價值觀被員工共同認可後，它就會成為一種黏合力，使各個崗位的成員凝心聚力，從而產生一種巨大的向心力。換言之，時尚設計行業文化不僅能引導時尚設計行業成員的價值觀及行為取向，還能讓他們從內心產生一種高昂情緒和奮發進取的精神。

時尚設計行業文化是各個時尚設計行業在時尚設計活動中所產生的文化現象，在分類視域下，其典型代表包括服裝與配飾時尚設計文化，花藝時尚設計文化，奢侈品時尚設計文化，圖書館時尚設計文化，寵業時尚設計文化，書籍裝幀時尚設計文化等。

第1節 · 服裝與配飾時尚設計文化——可持續時尚設計的典型代表

可持續時尚設計概念在服飾與配飾時尚設計文化領域得到廣泛回應，其中的"可持續"被定義為整合經濟、環境、道德和社會的形態，並基於以上四方面的綜合標準來進行設計，既能滿足當代人的多元需要又能夠兼顧和保障子孫後代的永續發展。

服飾與配飾時尚設計文化是可持續時尚設計的典型代表，可以分為以下四方面：

一、面料時尚設計文化

指服裝與配飾時尚設計領域中的時尚紡織品面料材質之時尚設計創新，以時尚成衣衣料面料的可持續設計為例，涉及的有：時尚成衣與製衣可持續設計、時尚成衣毛皮衣料可持續設計、時尚成衣衣用皮毛化工可持續設計、時尚成衣衣用皮毛機械可持續設計、時尚成衣皮毛商貿可持續設計、時尚成衣皮毛管理可持續設計、時尚成衣皮革及其製品可持續設計等。

二、服裝時尚設計文化

服裝時尚設計文化著重藝術性、功能性、技術性、時代性與地域性的結合，兼顧特定場合的需要。

三、配飾時尚設計文化

旨在創造時尚趨勢，同時與美好生活相結合，包括但不限於時尚鞋帽文化、時尚箱包文化、時尚服飾首飾配飾文化等相關領域。

四、印花時尚設計文化

這是服務於前三者的時尚服裝與配飾設計的基本裝飾元素，比如時尚紡織品印花設計與家用軟裝。

雖然服裝與配飾時尚設計文化給我們帶來了很多便利，但也給我們賴以生存的環境帶來了不可逆轉的影響，譬如服裝與配飾的過度生產和重複利用機制的不完善所導致的浪費與生產過程中所帶來的環境污染等。因此，如何減少浪費和污染成了迫切需要解決的問題，也是不可推卸的社會責任。在此背景下，"零浪費時尚"（Zero-Waste Fashion）應運而生。

"零浪費時尚"的概念是指在生產過程中很少或根本不產生紡織品廢料，它被時尚服裝與配飾設計業界認為是"更廣泛的可持續時尚運動"的一部分。然而這並不是一個新概念，早在上個世紀，"時裝面料零浪費或接近不浪費"的口號就被提出，各國的民族服飾（譬如日本和服、高麗韓服、印度紗麗和許多國家和地區的傳統民間服飾等）都有這樣的號召與實踐。

如今，"零浪費時尚"作為一種廣泛的可持續時尚運動，它的前瞻性與先進性在於從過程的一開始就預想了"創作-作品-欣賞"的全環節，並且做了整體規劃。據相關數據統計，時尚設計生產階段的面料材料浪費率接近15%。所以如果能減少材料面料在使用中的損耗，同時通過有效的機制與激勵，提高面料的廢棄回收率，何嘗不是對可持續服裝與配飾時尚設計的推動？另外，設計師收集使用後的材料面料廢物，進行二次運用，從而創造出一件可以媲美或超越傳統的服裝，也算進一步引領"零浪費時尚"風潮。

那麼，如何有效地執行"零浪費時尚"，主要有以下三個環節：

一、零浪費時尚創作環節

通過科學的設計，消除服裝與配飾的無效時尚設計與過度設計。

二、零浪費時尚作品環節

通過有效的技術研發、面料選材和技工培訓，讓作品呈現精簡狀態。

三、零浪費時尚欣賞環節

鼓勵及引導零浪費時尚，讓這股風氣彌漫整個社會，並進一步擴展到全世界。

講到"零浪費時尚"，就不得不提到芬蘭，其可持續設計滲透整個國家的各個行業，包括各領域的設計和多元化的設計途徑。落實到品牌，可以拿德國的阿迪達斯品牌舉例，其產品不僅體現在材質功能的可持續（譬如使用再生環保新材料），同時體現在人們穿著該運動時尚服裝時的積極情緒，從而激發人們在日常運動中的運動力量。

反觀我國，時尚設計範式轉型同樣需要在這樣的高度上進行和實踐。

總而言之，可持續時尚設計是一個比較大的社會主題和時尚設計方向，不僅已經逐漸滲透到服裝與配飾時尚設計文化的各個領域之中，且無論前沿流行趨勢還是時尚設計趨勢，都與之有著密不可分的聯繫，對這方面的研究也成為各界學者不得不列入思考的前沿議題。

第2節 · 花藝時尚設計文化——生態時尚設計的典型代表

相關研究表明，在人的五感（視、聽、觸、嗅、味）之中，其感受的深刻程度依次是：視覺設計(37%)>嗅覺設計(23%)>聽覺設計(20%) > 味覺設計(15%)> 觸覺設計(5%)。當不同的感官被有效地設計調動起來，就能夠使消費者對同一件設計文化產物產生全新的感官體驗與設計感受。

(https://www.vyouke.net/3418.html)

花藝時尚設計文化作為生態時尚設計的典型代表，體現了時尚設計文化從業者在多感官時尚服務設計 (Multi Sensory Fashion Service Design) 領域的不懈探索。

所謂的多感官時尚服務設計是指時尚設計師突破傳統，排開單一時尚設計推廣模式所帶來的侷限性，從多維感官（視覺、聽覺、味覺、嗅覺、觸覺）設計入手，從而刺激消費者的感官機能，使消費者更加真實地認識產品。也就是說，多感官服務設計能夠更有效地引導消費。

換言之，通過探索多感官服務設計能提高時尚設計的包容性。

隨著時代的變遷，生產力不斷提高，人們的審美也在不斷地變化，加上經濟全球化促進了各國之間的文化交流，使得室內設計逐漸融合了各方面的元素，拿時尚設計花店來說，除了利用多感官時尚服務設計，空間設計也越來越趨向生態化和情感化，以下分別述之：

一、生態化

講到生態化設計，它是當今設計的一個重要趨勢，是整合當地自然環境，將場地的自然特徵融入到外部和內部的一種設計。這種設計（綠色設計）很早就被提出，也得到了廣泛的認可，把它放在花店上，符合生態時尚設計的花店就是利用天然材料和當地的自然生態進行設計，從而形成一定區域的生態時尚設計典範。

二、 情感化

時尚設計花店不僅僅只是一個花店而已，它還應該有其獨特的展陳態度與情感傳遞，以花店為媒，引導人們尊重文化、與他人和大自然和諧相處，這是向喧鬧的都市傳達一種詩意而舒適的方式。

國外的時尚設計花店與生態產業起步較早，建設相對完善，各時尚設計花店的插花流派有其自身特色，所以能精準地提供花藝服務。另外，國外時尚設計花店由舊工廠、舊住宅樓、城堡或莊園等舊式建築所改造而成的案例也可借鑑，譬如英國的ANNA 花店便是。此花店在提供花藝服務的同時，還以精緻細膩的復古傢俱展現18世紀的英倫風，得到英國女王的青睞。

(https://www.hualix.com/news/2019070403.html)

反觀我國，時尚花店與現代花藝起步較晚，尚未形成風格化和體系化，但隨著花卉及陳設軟裝裝飾行業的發展，線上花店興起，並與各行各業跨界融合（譬如兼具花店與書店功能的店面），這方面已逐步拉近與外國的差距。

總而言之，花卉時尚設計行業的理念與設計學科本身有許多共同之處，筆者相信花卉時尚設計行業會在時尚設計的發展道路上不斷完善且大步向前。

第3節・奢侈品時尚設計文化—— 系統時尚設計的典型代表

一切相互聯繫和影響的事物集合都可以視為系統。隨著時代的發展,現代時尚設計領域所包含的要求、目的、條件和制約因素越來越多 (不同於過去那種依靠設計師的主觀和直覺來從事設計的傳統模式) ,為了適應現代設計的要求,採用系統分析和綜合的方法,將設計納入科學的理性軌道,使感性的、直覺的設計在整個系統中成為其中有序的組成部分。

系統論方法為現代時尚設計領域提供了一個從整體、全局、互為的角度來分析研究設計對象和相關問題的方法。在時尚設計之初,就對產品功能、產品規格、產品用途、市場、使用者的需求、對環境的影響、企業設備、技術條件、經濟條件等諸多方面進行系統分析，在此基礎上才能做出合理的、有創造性的設計及構思，不僅能為產品設計指引一個好的方向，也提供了人、機、環境的系統設計方案。隨著設計的發展，系統方法論將會有更多的成果出現。

受如今時尚領域消費和社交需求的影響，奢侈品受到的關注越來越多，對奢侈品品牌價值、品牌形象定位、客戶群體、購買行為、商業戰略等一系列的研究也愈加深入。具體而言，時尚和奢侈品領域在國際市場上的運作包括八類課程：

一、奢侈品時尚設計品牌分析和市場行銷 (Brand Analysis and Marketing Strategies)

二、奢侈品時尚設計文化潮流趨勢預測 (Trend Forecasting)

三、奢侈品時尚設計文化櫥窗展示和時裝策展

(Windows Display and Fashion Exhibition Shows)

四、奢侈品時尚設計文化產品生產產業鏈 (Merchandising Chains of Fashion)

五、奢侈品時尚設計文化中的定價學(Cost Study and Selling Price)

六、奢侈品時尚設計文化關於目標客戶分析理論(Consumer Analysis Theories)

七、奢侈品時尚設計文化中的調研技巧 (Research Skills in Luxury Fashion Design Culture)

八、奢侈品時尚設計文化的廣告分析與解碼品牌

(Advertisement Analysis and Decoding)

奢侈品時尚設計文化是系統時尚設計的典型代表，體現在其奢侈品牌的時尚設計定位和時尚設計戰略本身。西方的奢侈品時尚設計文化系統發展起步較早，相對來說，其時尚設計文化自成系統性的體系相對成熟。

時尚設計戰略中的專案管理原本只是一種侷限於某些時尚設計領域的管理理念（比如高定、特許商務等），並一度被時尚設

計文化企業家認為是錦上添花的流程，並沒有什麼實質的意義。然而，隨著我國時尚設計業（尤其是時尚奢侈品業）的發展，時尚設計專案管理已經演變為影響公司所有職能的企業管理體系，從一個時尚設計企業中的子項目管理過程，變成一種時尚設計的業務流程。

值得提及的是，越來越多的時尚設計企業與公司把時尚設計專案統籌運作與管理作為生存的必要手段，好處是能增強時尚設計策略的實施和提高時尚設計管理活動的效率，幫助完成時尚設計組織的目標等。

總而言之，系統性的時尚設計越來越被時尚設計行業與企業需要，從事時尚設計專案管理的人員也因此日趨增加，時尚設計戰略中的時尚設計專案管理遂得到廣泛的應用 。

反觀我國，時尚設計專案管理的發展和公司水平參差不齊，可通過以下兩個途徑提升 ：

一、時尚設計中的奢侈品品牌管理已成為高校的開設課程之一 ，對奢侈品時尚設計的研究能夠為我國時尚設計專案管理提供優良的系統性管理轉型範式。

二、隨著IMCP 等相關專案管理的職業認證制度日趨完善，時尚設計企業需要的專案管理人才也需要獲得更加全面的專案管理知識，這有助提高相應的水準。

第4節 · 圖書館時尚設計文化——社會創新時尚設計的典型代表

圖書館時尚設計文化作為社會創新時尚設計的典型代表，有必要先瞭解其悠久的歷史。"圖書館"一詞始於19世紀末，人們將固定用來藏書的場所稱為"圖書館"，該詞由日本傳入中國。我國的"圖書館"是時代變遷的見證，並且作為社會創新時尚設計場所的典型代表。

我國的"圖書館"曾經歷過漫長的發展變遷，周代的"盟府"可以說是我國圖書館的雛形，隨後兩漢的藏書場所代表（石渠閣、東觀和蘭臺），隋朝的藏書場所代表（觀文殿），宋朝的藏書場所代表（崇文院），明代的藏書場所代表（澹生堂），到了清朝，代表性的藏書場所便是四庫全書七閣，至此，達到我國古代藏書場所的發展高峰。華夏文明之所以能夠創造燦爛的文明，很大程度上是因為文化知識的積澱，而搜集、整理、記錄時代文化的珍貴資料，正是保存在歷朝歷代的藏書閣和藏書樓之中 。

我國從漢字的發明到藏書閣、藏書樓的大規模出現，再到近代圖書館的大量興建以及現代數字圖書館的蓬勃發展，這一路歷經了風雨，從發展的軌跡來看，不難發現每個時期的時尚設計文化基因。

隨著時代的不斷發展，傳統圖書館雖然依然健在，但能夠吸引年輕人的"時尚設計文化圖書館"開始在世界各國風靡，以下列舉幾個例子：

一、位於荷蘭阿姆斯特丹的Lena Fashion Library

時尚設計文化的過度生產和過度消費正在給環境帶來巨大的災難，以下分別述之：

1、過度生產

印度蒂魯普的"服裝帝國"，每年都有上億美元的收入，付出的代價是當地飲用水源被嚴重汙染，造成初生嬰兒的大量畸形或死亡。再拿時尚設計服飾界最普遍的時尚設計單品牛仔褲來說，從棉田到棉布再到送進洗衣機，一條牛仔褲竟然要耗費3480升水才做得出來，也就是說，生產一條牛仔褲浪費的水量足以讓一個成年人飲用5年。不僅如此，在牛仔布料染色過程中，工人們每天不僅要忍受高溫和臭氣的煎熬，其產生的藍色塵埃也正侵蝕著工人的肺，他們不少都患上了矽肺病，這種病到現在為止都沒有特效藥，得了矽肺病就如同被判死刑。

2、過度消費

在英國，人們擁有衣服的數量是30年前的4倍，每個人每年會買28公斤新衣服，全國每年消費172萬噸時尚產品，與此同時，也有同等數量的衣服被扔進垃圾桶。而在荷蘭，人們每年丟棄的紡織品，竟多達2.4億公斤，一定程度上，產生了嚴重的環境污染。

此外，勞工人權得不到保障也是個問題。2013年，孟加拉拉納廣場大樓坍塌事故，造成幾百名紡織工人死亡，而在另一起工廠火災事故中，因大門緊鎖，導致在其中密集作業的100多位工人無處可逃而不幸遇難。

綜合以上，時尚帶來的美麗外表下，竟然隱藏著如此黑暗的一面，每一件新衣，都可能承載著生命所不能承受之重，也難怪Lena Fashion Library會應運而生（借的不是傳統的書籍，而是時尚服裝與配飾），這是社會創新設計的典型代表，其宣導的理念是Own less，live more。

Lena Fashion Library的主理人Suzanne 是荷蘭一所大學裏的服裝系老師，她比其他人都更清楚時尚設計服裝產業的潛在問題，設立時尚設計文化圖書館的用意便是在減少危害，同時滿足人們對時尚設計文化的追求。眾所周知，女孩子都愛買新衣服，可是往往沒穿幾次就扔到一邊，製造出大量垃圾。如果可以像在圖書館借書那樣，用完了就還回來，然後再借別的，如此循環往復，既大大地滿足了女孩對時尚的渴望，又可以減少很多浪費。

Lena Fashion Library便是在此背景下誕生了，其簡潔的設計、寬敞明亮的空間，讓人覺得自然而溫暖，一如這家時尚設計文化圖書館的理念—— 時尚設計綠色環保。

同時，在時尚借用服務流程上也做到簡化方便，如同借書要有借書卡，在Lena Fashion Library借衣，也需要辦一張借衣卡成為會員，然後你就可以把心儀的衣服帶回家。最低的借衣卡每個月20 歐元，借衣服的價格則是按點數來算，一般的衣服只要25點，設計版單品則在100到300點之間。據相關資料表明，在Lena Fashion Library 借衣，一次可以借4件衣服，之後這些衣服就可以無限期穿，只要穿膩之後還回來，就又可以選其他款式的衣服。另外，如果會員真的很喜歡某件衣服，還可以用非常優惠的折扣價將它買下，要是有暫時穿不上的私貨，也可以拿到店裏和其他人共用，再用得到的點數換取自己喜歡的衣服，真是一舉多得！當然，如果會員不小心把衣服弄丟了，需要按照"所借衣服"的全價進行賠償。

也許有人會擔心衣服的衛生問題，為了打消這個疑慮，Suzanne 特意把洗衣機和洗衣液放在店裏展示，因為每件還回來的衣服，她們都會一一消毒洗淨；另有人可能還會擔心自己不懂時尚設計與時尚服飾搭配，這個部分，Suzanne也想到了，她和團隊充分應用服裝設計理念，針對客戶群及個體差異，專門教授如何搭配、如何進行時尚設計。

此類型圖書館的新潮環保理念不僅吸引了眾多愛美的女孩子，還有一大波設計師和品牌找上門（當你在店裏逛了一圈，若還是沒找到滿意的衣服，設計師會給你專業的指導意見，由你親自動手製作）。

除此之外， Suzanne還會不定期在店裏舉辦一些講座 、沙龍和 Party，讓會員們聚在一起交流彼此對時尚的看法。

有了這樣的服務和配套措施、難怪這家時尚設計文化圖書館一開張就得到許多女孩子的青睞，"借衣服穿"逐漸成為當地的另一種時尚。

在Suzanne 看來，過度消費正是時尚產業最大的問題，市場應該更關注製衣工藝和品質，如此一來才能製造壽命更長的衣服，讓消費者能共用，達到"循環使用、減少購買，讓環保成為一種生活方式"的目標。Suzanne 的時尚設計文化圖書館無疑做到了，不但深受荷蘭女孩們的喜愛，還獲得了荷蘭2015年"最好時尚設計文化創業"大獎。當然， Suzanne 的目光不止停留在荷蘭，而是推廣到全世界，讓大家在追逐時尚的同時，也讓環保的消費觀深入骨髓，成為一種離不開的習慣，這也是她們一直堅持的理念——Own less, live more。

現在來談談該時尚設計文化圖書館所運用到的視覺識別系統，它運用了系統的、統一的視覺符號，將時尚設計文化圖書館的理念、文化特質、服務內容、企業規範等抽象語意的設計轉換為具體的服務理念概念，塑造出獨特的時尚設計文化圖書館形象。

時尚設計文化圖書館的視覺識別系統主要分為以下兩方面：

1、基本要素系統

主要包括時尚設計文化圖書館名稱、時尚設計文化圖書館標誌、時尚設計文化圖書館的標準字、時尚設計文化圖書館的標準色、時尚設計文化圖書館的象徵圖案、時尚設計文化圖書館的服務宣傳口語、時尚設計文化圖書館的市場調研與行銷報告策劃等。

2、應用系統

主要包括時尚設計文化圖書館等圖書館事務用品、時尚設計文化圖書館生產設備、時尚設計文化圖書館建築環境、時尚設計文化圖書館的產品包裝、時尚設計文化圖書館的廣告媒體、時尚設計文化圖書館的交通工具、時尚設計文化圖書館的衣著制服、時尚設計文化圖書館的旗幟、時尚設計文化圖書館的招牌、時尚設計文化圖書館的標識牌、時尚設計文化圖書館的櫥窗、時尚設計文化圖書館的陳列展示等。

二、位於意大利米蘭的Milano Fashion Library

米蘭作為時裝學院、國家時裝商會和時裝週的所在地,很多設計師和設計品牌都是在這裏打響名聲。前往米蘭的人沒有不去時裝區購物, 去無數人追捧的設計師精品店裏追尋最新時尚潮流。在米蘭這個時尚集結地,除了逛不完的時尚精品店,還有這麼一個地方也將時尚匯聚在一起 —— Milano Fashion Library。

這是米蘭時尚設計文化圖書館,作為米蘭時尚圈兒的聚會地點,也是歐洲最大的專業時裝時尚設計文化圖書館之一,不僅僅涵蓋義大利和國際的雜誌、書籍和趨勢書，還有大量從過去到現在的CD、DVD。該時尚設計文化圖書館的圖書檢索方式非常獨特且便利，都是按照時尚設計的國別和圖書的出版年份來分類。以國別舉例，米蘭時尚設計文化圖書館不僅有意大利的原版珍藏 VOGUE，還有法國版 VOGUE、美國版 VOGUE、德國版 VOGUE、俄羅斯版 VOGUE等；以出版年份來分，甚至能追溯到18世紀的大部分典型代表性時尚設計文化的雜誌資料。 與其說Milano Fashion Library是時尚設計文化圖書館，不如說是一個時尚儲備糧庫，裏面儲備了非常豐富的時尚設計文化書籍、時尚設計文化雜誌、時尚設計文化DVD 等，能給時尚設計師帶來多元的靈感。對於讀者來說，唯一的小不足可能是 Milano Fashion Library 的書不能外借，只能在館內閱讀或者複印掃描留存 。

三、位於日本新瀉縣的聖龍町立圖書館

此圖書館的屋頂是根據當地風向而建造，房屋外形簡化成標牌形狀，設施資訊使用黑白配色，圖書類別則使用明亮活潑的色彩來進行劃分，導視資訊十分完善。此外，圖書館還擁有飲食區、會議室和書庫等

設施，旨在為當地居民提供良好的學習空間。

四、位於日本福島縣白河市的白河市立圖書館．

為讀者打造清新乾淨的閱讀環境，有弧形的天花板和良好的光照。另外，圖書館還設計一套簡約質樸的導視系統，方便人們從不同角度獲取信息，譬如使用無襯線字體、採用黑白配色（便於辨識）等。

此外， Icon 的設計更加全面，例如書架上的體積比較大，戶外的立式導視板和室內的標牌採用三角柱體（從各個角度都能看清）。還有， 在書架的側面使用白色的導視板，數字標識使用清新的顏色，儲物櫃使用灰色數字等，整體簡潔乾淨，旨在帶給人們舒適的閱讀空間。

五、位於日本高知縣的圖書館

擁有豐富的書籍庫，圖書種類多樣，具有開放式閱覽空間，提供圖書、文檔、各類資訊等， 並且支持城市學校的培訓計畫等功能。基於圖書館的書籍種類繁多，為便於人們快速尋找，設計了別具一格的支架標牌，以不同顏色的鋼製立面支架，將書架進行詳細的分類，使人能一目了然。

六、位於保加利亞的阿爾貝納市圖書館

海浪、沙灘這兩個跟時尚設計文化圖書館毫不相干的詞語，在保加利亞的黑海邊卻交互融為一體。阿爾貝納市（Albena）的一家度假村在海灘上建了一家海浪沙灘時尚設計文化圖書館，館藏圖書超過2500本，涵蓋數千種語言，遊客可以免費借閱書籍，也可以留下自己國家的圖書供人借閱，這或許是世界上最讓人放鬆的時尚設計文化圖書館了吧？！

七、位於中國北京海澱區北部的時尚設計文化中心

這是海澱區政府投資10億元的重大公共文化建設工程，在2016年6月29日面向公眾開放，總建築面積88100平方米，包括文化館、檔案館、時尚設計文化圖書館、溫泉中心等。其中，時尚設計文化圖書館的館藏書數量為200萬冊。人們可通過手機等移動終端，免費下載首都時尚設計文化圖書館的圖書、講座、影視劇、音樂等數字文化資源。

此外，海澱區的中關村軟體園、東升科技園等5個高新企業園還安裝了數字資源設備，包括數字圖書、數字期刊等40台數字資源閱讀終端，惠及高新技術企業近2000家和30多萬企業員工。

八、郵筒時尚設計文化圖書館

時尚設計文化圖書館也許比你想像的簡單，只需在家門口的郵筒裏放上圖書，就可以建立起自己的免費時尚設計文化圖書館，與整個社區分享圖書。不需要繁瑣的借書證、租金、滯納金等，就可以輕鬆享受閱讀的樂趣。據其聯合創始人Rick Brooks稱，這樣小小的時尚設計文化圖書館已在世界8個國家24個州成立了三、四百個。

九、騾子時尚設計文化圖書館

2009年，在委內瑞拉Trujillo 州的一座山上，孟鮑伊毅大學提供了一項特殊服務——在騾子背上設立流動時尚設計文化圖書館，讓騾子把這些書送到農家孩子手中。

這或許是世界上"最接地氣"的時尚設計文化圖書館。

十、公交時尚設計文化圖書館

巴西市民 Antonio da Conceicao Ferreira 做了一件不同尋常的事，他把自己經常乘坐的公交線路改造成了時尚設計文化圖書館（他每天在公車的書報架上放15本圖書，乘坐該線路的乘客都可以自由取閱）。

這個移動時尚設計文化圖書館不僅幫助乘客打發坐公交的時間，還達到傳播文化的目的。未來 ，Antinio 有計畫將這移動圖書館擴展到巴西利亞的所有公交線路上。

十一、電話亭時尚設計文化圖書館

英格蘭南部的一個小鎮原本有一個即將被拆除的廢棄電話亭，後來小鎮居民將這個電話亭改造成為時尚設計文化圖書館，裏面放著圖書、 CD 和DVD 等，每天24小時開放，並有志願者定期對其進行維護。

十二、戶外時尚設計文化圖書館

這家戶外時尚設計文化圖書館是義大利藝術家 Massimo Bartolini 為藝術節所設計的藝術作品，他在聖彼得修道院的葡萄園中放了12個綠色書架，沿著坡道一排一排往上排列。在這裏閱讀，不僅可以接受書本的薰陶，還能被大自然的氣息包圍著，無論身體還是精神都得到了滋養，多麼愜意!

十三、書形時尚設計文化圖書館

這家時尚設計文化圖書館的奇特之處在於外觀是一個巨型的書架，停車場則是由當地人最熟知的22個經典著作書名組成。此圖書館吸引了 遊客前往參觀，在鼓勵市民閱讀的同時，也振興了社區的經濟發展。

十四、坦克時尚設計文化圖書館

這是由藝術家 Raul Lemesoff 所設計，他在坦克上放置了約900 本圖書（由Raul免費提供，任何人都可以挑選閱讀），然後駕駛這輛坦克從城市到農村，受到大家的一致好評。

坦克的外觀無疑給人"武裝鬥爭、戰火燃燒"的感覺，如今卻帶給人們祥和安靜的閱讀機會，這個作品頗有"用文學促進和平"的潛在用意。

第5節・寵業時尚設計文化——動物友好時尚設計的典型代表

時尚設計文化發展的一個重要趨勢是在人工智能和設計可持續的時尚設計基本原則下，探索出一種具有更多維度的、互動的交互性質時尚設計，包含人與物，人與環境、人與社會、人與機器、人與電腦軟體、人與人，人與動物等的新型交互設計關係。

隨著我國寵業時尚設計文化的自足完善，已逐漸實現這種新型交互設計關係，並且在寵業時尚設計大數據、寵業時尚設計人工智慧、寵業時尚設計機器人服務、寵業時尚設計AR實踐、寵業時尚設計交互與寵物聯網系統服務 APP、 時尚設計智能寵物店環境、時尚設計寵物業系統交互體驗等諸多方面開展研究與實踐。此外，時尚設計的萬物互聯也已成為必然趨勢，寵業時尚設計中的時尚設計生產設備、時尚設計家居、時尚設計配套車輛、時尚設計基礎設施、甚至是時尚設計公共服務等都將鏈接雲端。在此背景下，寵業時尚設計師不再是為某個寵業時尚設計產品的交互做設計，而是為寵業時尚設計智能系統進行設計，譬如寵業時尚設計無人便利店（設計師需要考慮的是業主與顧客在店裏所有的行為會引發的可能性結果，以及針對假設及時有效地給予幫助和回饋）。

隨著社會經濟的快速發展和人民生活水準的提高，寵物越來越多地出現在家庭生活中，越來越多的養寵主人在"潮汐效應"的背景下，對"寵 物寄養空間"的需求不斷增長 。

所謂的"潮汐"，指的是一種自然現象，是海水在天體（主要是月球和太陽）引潮力作用下所產生的週期性運動。社會學的"潮汐效應"乃指在工作時間裏，人們大量聚集在CBD區域，下班後又向居民區大量遷徙的現象。這一現象產生諸多影響，對於有寵物的家庭而言，可能面臨一定時間段的寵物無人照料或照顧不周的情況。因此，如何在降低商業空間成本，保證展售空間充足的前提下，幫助經歷"潮汐效應"的寵物在獨處時得到心靈舒緩和感受到家的溫馨，這成為一個需要解決的問題。

基於社會潮汐現象，寵物傢俱展售空間的單一功能已經成為一種社會價值的浪費。作為一個寵物傢俱展售空間，客戶不僅需要一個用品展售空間，還需要一些輔助時尚設計的體驗空間，譬如寵物休息體驗、愛寵主人交流體驗、物品存放體驗等，於是時尚設計體驗空間內"寵物寄養空間"設計應運而生，在解決社會訴求的同時，實現寵物傢俱展售空間的商業訴求，達到寵物友好的目的。

以下針對"寵物寄養空間"的定義、需求、優勢、設計思路、服務延伸等五方面，分別述之：

一、"寵物寄養空間"的定義

寵物寄養的定義是指寵物主在短期內無法照料寵物，將其寄託或託付給他人或第三方照料和看管的一種服務，而"寵物寄養空間"就是這種服務的載體（如同育兒空間）。此類"寵物寄養空間" 一般是以實體空間為主，虛擬體驗空間為輔。

二、"寵物寄養空間"的需求

據統計，2010-2020年，中國寵物行業市場規模由134.4億元增長至727.3億元，年均複合增長率近20 % ，增速高於全球。也就是說，家庭覆蓋率比例增高了。

(https://www.chinairn.com/hyzx/20220414/144726236.shtml)

隨著我國居民收入提升和養寵人群的不斷擴大，與寵物消費相關的商品和服務類型也不斷豐富。與此同時，我國家庭寵物的角色在向"家庭成員"的角色轉變，養寵越來越"擬人化"，導致擬人化的寵物服務行業快速興起，"寵物寄養空間"設計遂成為寵物業的潛在需求。

三、"寵物寄養空間"的優勢

早些年，寄養市場以傳統寵物店零散寄養為主，主要作為輔助業態出現在寵物醫院和寵物用品店中，但隨著寄養需求的激增，寵物業也催生寵物寄養新業態，如家庭式寄養、上門寄養、寵物酒店等。

比起上門寄養，專業的寵物寄養空間有其優勢，主要體現在以下三點：

1、對於寵物來說，寵物有自由、有玩伴、有溫馨氛圍，性價比高。

2、對於設計業來說，能實現空間設計的多功能性，實現"養寵人需求-寵物需求-設計需求"的有效串聯。

3、對主人來說，舒心解決潮汐效應下的寵物養育需求。

四、"寵物寄養空間"的設計思路

寵物寄養空間裏的展售品本質是產品設計，而展售空間場景是環境設計，理清展售品和展售空間場景在創作環節的關係，這有助於提升寵物傢俱展售空間設計效率。

根據現代都市養寵人的"潮汐效應"，其需求也呈現潮汐性。舉例而言，上班日和節假日會出現"供不應求"的情況，但在平日則會大幅度降低。這決定了"寵物寄養空間"設計僅能作為輔助業態出現於寵物醫院和寵物用品店內，而未能成為主營業務。也就是說，不論寵物店寄養、家庭式寄養、上門餵養或者新型的寵物酒店模式，都尚未出現大規模的大型空間設計需求（500平米以上），這意味著潮汐效應背景下的"寵物寄養空間"設計的服務對象以中小型空間為主，且業態內多以中小企業為主。

基於以上，空間展線設計服務應該基於寵物寄養的標準流程，打造標準化的傢俱售賣展線，並進而引導消費，比如在房型設計上，為了讓貓擁有充分的自由空間，能夠隨心所欲地上躥下跳，所以棄用貓籠，改用時尚而又不失寵物友好的開放式空間。與此同時，空間內的開放式傢俱和消耗品（譬如時尚寵物用品消毒櫃、時尚寵物玩具、時尚寵物空間收納箱、時尚寵物餐具、時尚寵物洗護美容用品等）也可藉此展示售賣。另外，寵物接送、寵物殯葬等相關服務，也能帶來收益和穩定的客戶。

我國的大部分時尚寵物用品品牌還處在中小型自營店階段，想要實現行業大規模連鎖化，幾十年前的時尚母嬰行業的發展模式可借鑑，也 就是先有品牌，再做區域性連鎖，最後發展成為全國性連鎖門店。

在選址上，"寵物寄養空間"的品牌方一般會選擇靠近社區或購物中心。選擇靠近社區的好處是能夠就近服務社區用戶，而鄰近購物中心的門店則能夠獲取更多的客流。那麼在裝修上，也應該順勢而為，鄰近社區的，需要將更多的生活氣息融入到門店設計中；鄰近購物中心的，則應該更多地展現商業展售氣質（比如位於南京舊文化公館區的寵物傢俱展售空間增加了民國歷史文化的風格氣息，同時兼顧南京地域的風格特徵）。

五、"寵物寄養空間"的服務延伸

互聯網的加持，寵物寄養平臺相繼出現，迎來一波時尚設計文化創業的高峰，例如小狗在家、人人養寵等家庭寄養，提供了寵物airbnb 模式（寵物主可通過LBS定位，快速發現身邊實名認證的寄養家庭，為愛寵找到適合的寄養家庭）。

總而言之，寵業時尚設計文化在探索時尚設計交互方面有長足的進步，實現寵物寄養空間的多樣化和便捷性。

第6節・書籍裝幀時尚設計文化——視覺傳達時尚設計的典型代表

書籍裝幀時尚設計是指從書籍文稿到成書出版的整個設計過程，也是從書籍形式的平面化到立體化的時尚設計過程。

書籍裝幀時尚設計包含了時尚設計的藝術思維、構思創意和技術手法，內容包括書籍的開本、裝幀形式、封面、腰封、字體、版面、色彩、插圖、紙張材料的選擇、後續印刷與裝訂、工藝等各個環節的藝術設計系統。

書籍裝幀時尚設計的設計好壞會直接影響銷量，因為視覺產生的效果很卓著，所以很多企業都願意花錢請有資深經驗的設計師來設計書籍。像書籍裝幀時尚設計的這類設計是絕對需要大量經驗積累的時尚設計門類，至於封面設計，那更是需要有扎實的功底。

整個書籍裝幀時尚設計的書籍生產，其流程堪稱繁瑣，可能也與工業化背後要求的精細化流程有關，這真是一個要求有匠人精神的時尚設計事業。拿紙板來說，紙板應選用專為精裝書籍和畫冊生產的書封殼紙板，並且儲存時間需達到半年以上，因為這種紙板的收縮率小，可減少製作書封殼時發生形變的可能性。

書籍裝幀時尚設計的工業生產流程如下：原材料選擇——書芯加工——書封殼製作——書芯與書封殼膠裝；書籍裝幀時尚設計的排版設計環節流程主要有：標準版面創建——頁眉設置——註腳形式——插圖——插表的排版——各級標題的字型大小——佔行及排版形式。

各大洲的書籍裝幀時尚設計的流行時間和流行風格各有差異，歐洲近代書籍裝幀多以皮革作為書封，選用以棉或木漿製成的紙張，印刷字則以羅馬字母為主；亞洲的典型代表是日本，日式的書籍裝幀時尚設計流行大概是在明治十年後，眾多文人譯介海外作品，首開先河的是丹羽純一郎於明治十一年翻譯印行的《歐洲奇事·花柳春話》。這本書的規格為四六版西式裝幀，書本身為穿線平裝，環襯與瓦楞紙封面粘合，其製書技術實為稚拙，然而這簡便的手法在當時的人看來，反倒耳目一新，後來這種西式裝幀本在以知識份子為主的讀者之間就廣為流行起來。當時一本書籍的裝幀大概分為三個部分，即製紙、印刷、製本，後來日本又發展出和紙、和裝本等本土技術，但真正推動日本裝幀設計的是江戶時期的"浮世繪"藝術與日本民藝之父柳宗悅發起的"民藝運動"。爾後，"白馬會"體系中的長原止水、橋口五葉、杉浦非水等日本知名裝幀藝術家又憑自身留學背景以及較高的藝術審美把"裝畫"帶入書籍裝幀中。簡言之，日本的書籍融合了日、中、西洋三方的形式、技術與材料，採不同的運用比例，賦予書籍各式各樣的面貌。

拿我國的《良友》月報來說，它創辦於1926年，以時事，娛樂，藝術，文化，各地風土人 情等生活相關的圖片刊物，進入到中國大眾的休閒時尚生活。自創刊起，封面、插畫等工作皆是由萬籟鳴、萬古蟾等萬家四兄弟扛起，在創辦後的很長一段時間裏，《良友》畫報都是銷量最高的月報。

再拿臺灣的書籍裝幀時尚設計領域的設計大師王志弘舉例，他的書籍裝幀時尚設計作品將臺灣、中國、日本和西方文化元素巧妙地融合在 一起，形成自己獨具一格的設計風格，此乃古典與現代的相結合。

（https://www.uisdc.com/wangzhihong）

總而言之，吸取他國的長處，截長補短，能讓我國的書籍裝幀時尚設計更上一層樓。

小結

時尚設計活動作為一個完整的藝術設計系統，包括時尚設計創作、時尚設計作品、時尚設計欣賞三個部分。時尚設計作品兼有使用價值和審美價值，它的使用價值在消費中實現，它的審美價值在藝術設計欣賞活動中實現。

一定程度上，時尚設計是時尚設計師造出的特殊語言，並把它凝定在其作品中。時尚設計語言就是時尚設計的符號系統，它傳達社會的結構、傳統、歷史和文脈。時尚設計欣賞者只有解讀這種語言，才能獲得審美享受。當前，我國的時尚設計實踐中，時尚設計批評對提高時尚設計品質、規範時尚設計行為具有重要的現實意義。

時尚設計文化品牌通過綜合型手段實現品牌文化、娛樂文化、行銷文化的融合，與消費者實現最契合的情感溝通和多元互動，從而引導消費者積極關注並參與其中，爾後在整個"行銷生態圈"內相互影響、融合，是一種生動化的行銷方式。服務設計則能幫助品牌在全域上引導用戶消費，幫助消費者實現價值。在這個過程中，統籌與策劃的能力必不可少，服務設計師也將在該過程中實現協調者的作用，幫助規劃、完善、落地及複盤的整個過程。

第四章/傳播視域下的時尚設計文化與文學、影視

時尚設計藝術源於生活又再現生活，其中的時尚設計文學作品、時尚設計影視作品均是在現實生活的基礎上進行思考，通過大眾媒介得以再現與傳播。

通過多元的時尚設計文化傳播形式，對於時尚設計文化的形成與發展具有以下意義：

一、學者專家能通過文字和影像記錄，探尋時尚設計文化的歷史軌跡。

二、從歷史軌跡的研究，逐漸完善時尚設計文化理論，對未來新時代背景下的時尚設計給予理論支持。

隨著新時代的到來，中國進入全面小康的歷史新階段，實現了現代化，完成由農業文明走向工業文明強國的轉變，並逐步資訊化。

在此背景下，我國時尚設計文化發展面臨新的機遇與挑戰。隨著一帶一路經濟的交流、多元文化的碰撞，時尚設計文化的融合也將面臨較之以往更加複雜的情況。

綜合以上所述，通過時尚設計文學、時尚設計影視以及時代背景下的新媒體傳播方式，一定程度上，能引起相關領域學者的思考與研究，替時尚設計文化的發展提供可靠的資料與理論基礎。

第1節・中國時尚設計文化與時尚文學

中國時尚設計文學著重描寫時尚設計領域的生活，揭示內在基本矛盾和時尚設計背後的社會現象，同時承載與記錄中國時尚設計文化的興衰起伏。

自中國出現時尚設計文化以來，便開始產生反映時尚設計文化生活的詩詞歌賦和時髦風尚小說，這也是時尚設計文學的萌芽。我國改革開放之來，大規模的時尚設計建設率先展開，在國家的文藝政策和主流文學的引導下，時尚設計文學（尤其是小說）作為一個獨特的命題，受到作家高度關注並在文壇迅速發展，一批批作家先後投身反映時尚設計建設下的文學創作之中。因此，梳理時尚設計文學的發展歷程，實際上就是再現中國時尚設計的演進歷史，對未來時尚設計文化的發展提供一定的參考資料。

"時尚"一詞的在中文的基本釋義為"當時的風尚"，最早見於宋朝俞文豹的《吹劍四錄》："夫道學者，學士大夫所當講明，豈以時尚為興廢。"。時尚常與流行並提，但二者的概念與解釋並不相同，好比時尚（即同英文fashion）意味著崇尚，意味著高度；而流行（即同英文 popularity）則指一段時間內整個社會的主流（潮流）風潮。《後漢書·馬廖傳》日："城中好高髻，四方高一尺。城中好廣眉，四方且半額。城中好大袖，四方全匹帛。"這番描寫長安市民的時髦著裝打扮，頃刻間歷歷在目，可謂當時的時尚文學，這與當下小說裏頻頻出現的"空氣加八字斜瀏海"、"韓式半永久眉毛"等富有生活氣息的時尚設計文化元素有異曲同工之妙。

從文學的文字記錄來看，即使朝代更替，帶來了社會文化、社會心理和時代審美觀念的更迭，但人群卻始終追求時尚文化、追趕潮流。拿世界時尚設計文化中的典型時尚代表作《時尚通史》來說，此書追溯了各個國別、各個時期的典型代表性時尚作品，從古希臘、古羅馬的垂裹服飾、中國唐朝的宮廷絲綢服飾、日本平安時代服飾、南亞地區傳統服飾、早期美國原住民及前哥倫布時代的當地織物、歐洲文藝復興時期、王政復辟時期和浪漫主義時期背景下的時尚設計服飾與裝飾藝術、法國宮廷服飾等，到現代的運動服、成衣和高級定製服飾、英國時尚設計剪裁工藝、非洲地區蠟染和花式印花布、西非肯特織物、拉丁美洲典型代表性服飾等。書內包括1400幅高清時尚設計圖片，算是較為全面、典型地展現了世界2500年來的時尚設計文化精髓，並將時尚設計文化史中的典型性社會歷史變革、時尚設計文化背景與時尚大事件形成重點對照，便於讀者理解，幫助讀者在時尚設計文化中鑑往知來，同時反映出時尚設計文化和時尚設計歷史事件對日常服飾所造成的影響。

中國時尚設計文學能追溯到19世紀六、七十年代，隨著資本主義生產關係在中國萌芽，時尚設計工業生產得以興起。到了20世紀初，工人階級隊伍逐漸壯大，使得工人進入到作家的視域之中，開始出現反映工人生產和生活的文學作品，包括現代詩歌和現代小說，逐漸形成中國時尚設計文學，這也是中國時尚設計文化的折射與載體。

基於中國傳統藝術再設計，從而重新發現中國元素的文學書目而言，善本出版有限公司出版的《傳統藝術再設計——發現中國元素》是典型代表作。此書收錄了600餘個富有傳統中國文化特色的圖案紋樣素材，包括民間戲劇臉譜、民間剪紙、傳統年畫等。該書還精選32個以中國傳統紋樣圖案為主要設計元素或時尚設計再創作靈感的優秀時尚設計文化案例，同時分享了3位知名時尚設計師的前沿設計思路和時尚設計過程，幫助設計師和讀者更好地瞭解中國傳統文化的豐富內涵和可發展的方向，並將其運用到現代的傳統文化時尚再設計中。

時尚設計文化對於文學創作來說是一種孕育著新生裂變的創新，能幫助文學創作更加時代化，同時刻錄出文學藝術世界內部的速度與激情，積極促成時尚與文學之間最大程度的協同與通約，譬如當代青春文學中出現的大量奢侈品牌產品和高奢高檔場所，通過細膩的文字展現時尚設計文化元素（這種高端時尚的新奇生活炫示，一定程度上，成為有價值的時尚設計文化"生活科普"）。

好的時尚設計文化文學作品在展現市井生活、傳承優良文化的同時，應當讓時尚設計文化元素充分參與到故事情節和人物性格的建構中，成為推動文學作品敘述的力量，這也賦予了社會與文化傳承的意義。

第2節・中國時尚設計文化與時尚影視

時尚影視是吸納了優秀文學戲劇、傳媒音樂、時尚舞蹈、藝術繪畫等多種藝術形式的時尚綜合體，同時又是能夠廣泛傳播的大眾通俗傳播媒介。

與時尚設計文學作品不同的是時尚設計文化題材的影視劇能夠藉助視聽媒介，以形象生動、立體直觀的方式再現我國時尚設計文化的興起與繁榮、機遇與挑戰。

中國中央電視臺 (CCTV) 作為新中國影視業發展的領頭軍，時尚設計文化題材的電影廣播電視作品也同樣是發端於此。自新中國電影的搖籃（長春電影製片廠）在1949年完成了新中國的第一部故事片《橋》（這也是我國第一部以工業設計文化為題材的影片），我國的時尚設計文化影視業一直方興未艾。

時尚設計文化也是一種工業文化，隨著實體工業的主體產業地位的確立，時尚設計文化題材的影視也在不斷努力通過影視劇的時尚元素，以時尚設計文化專題的影視劇、紀錄片、電影等融入大眾媒介。時尚設計文化影視作品作為傳播媒介，彰顯著不同歷史時期的時尚設計文化和設計從業者的精神風貌，同時發揮時尚設計文化精神，成為最有利的記錄載體。以下列舉五部有關記錄中國時尚設計文化的紀錄片或電影，從中或許能窺視其樣貌。

一、《時・尚》

2014年歲末，《時・尚》紀錄片亮相中國中央電視臺，為我國首部記錄時尚設計文化的紀錄片。在這部優秀的時尚設計文化紀錄片中，導演以時尚的拍攝畫面，共情的拍攝手法，情真意切地講述近二十年來中國人對於時尚設計文化的投入以及時尚設計文化從業者在生活中探索時尚設計的點點滴滴，從而以小見大地映射時尚設計文化在我國的創新與變遷歷程。紀錄片總共有六集，在空間維度上，展現了北京與上海非凡的時尚設計文化建築地標和城市風貌；在時間維度上，《時·尚》記錄了我國近二十年以來的時尚設計文化發展歷程，同時闡述多元視域下，不同的背景會產生不同的時尚設計生活與文化價值觀，導致每個人對時尚都會有不同的解讀。紀錄片同時界定時尚設計文化本是一種生活方式，不一定非得是光怪陸離的時尚時裝走秀或高高在上的高端定製時尚秀場，更不等同於大牌頂級明星。

當時尚設計文化遇到《時·尚》紀錄片，人們驚奇地發現歲月流轉積澱下的時尚設計文化本身就是精彩的時尚設計生活紀錄片，這種人人參與其中所形成的群體性美好回憶，本身就是一種時尚。

二、《中國設計》

2019年，央視CCTV9 播出了《中國設計》系列紀錄片，通過記述中國的多位時尚設計文化領軍人物的不同風格與時尚設計文化靈感來源，從而映射出我們正在經歷從"中國製造"走向"中國設計"的積極正向改變。

三、《中國時尚能不能》

2020-2021年，中國時尚設計文化紀錄片《中國時尚能不能》是電商時代背景下，時尚設計文化發展的典型紀錄片代表。該紀錄片從時尚設計文化、時尚設計文化的產業供應鏈、時尚產業的零售業、時尚設計文化市場、時尚設計典型代表性創新企業，時尚設計典型代表性創新企業家及其創新模式等六大方面來記錄和探討中國時尚設計文化行業的變遷。

紀錄片中同時還展現了時尚設計工廠員工如何與時尚設計企業聘請的獨立設計師磨合的過程，體現了時尚設計企業的新模式。

時尚工作者唐霜在《中國時尚能不能》紀錄片中，表達的觀點主要有以下三點：

1、我國優秀的時尚設計師設計出許多熱賣的經典產品，但這不一定就意味著時尚設計品牌與時尚設計企業本身的成功，因為時尚設計企業背後的時尚設計品牌創新理念和經營哲學才是保持品牌長久活力的必要條件，如果只將希望寄於一時的爆款，不利品牌的長久發展。

2、指出時尚設計品牌與企業在法律政策框架下運作的重要性，企業需要尊重且遵守我國的法律。

3、紀錄片記錄了時尚設計品牌可複製的發展前沿方法，例如積極拓展電商管道、參與國際設計週等。 一定程度上，國內蒸蒸日上的時尚設計文化市場為時尚設計師們提供了舞臺和支持，從供應鏈方面解決獨立設計師品牌的生產困難，再通過時尚買手店的銷售管道，有效地減輕設計師們創建實體店的壓力。而就國際設計週而言，2021年上海時裝週正式啟動創新獎項，我國的時尚設計師陳鵬獲此殊榮，100萬元現金的獎勵極大地助力他在國際時尚設計文化市場上的事業發展。

四、《無用》

該紀錄片記錄設計師馬可籌備2007年巴黎春季時裝週的整個過程，展現人與服裝的關係以及手工藝的價值，由我國著名導演賈樟柯執導，獲得了第64屆威尼斯電影節單元紀錄片獎。

在紀錄片中，除了有設計師馬可對時尚歷史和時尚設計文化的感悟，還有時尚設計時裝的華麗展現，也對比和反映時裝週背後的人——那些在酷暑和燈光下努力為時尚設計默默付出的工人。

五、《蘇絲黃的世界》

第二次世界大戰後，以中國旗袍為首的中國服飾開始走向西方世界，其中的典型代表便是 1960 年的電影《蘇絲黃的世界》（The World of Suzie Wong）。 經熱映後，這股具"東方主義"風尚色彩的風氣愈刮愈猛。值得提及的是，1996 年，英國設計師 John Galtiano 加入品牌 Dior，第二年即以"中國風旗袍"系列作為初試啼聲之作，贏得滿堂喝彩。

總而言之，我國自改革開放後，時尚設計文化電影業在各個時段都緊跟著國家工業建設發展的步伐。不可否認的，工業設計文化題材下的時尚設計文化影片反映了我國時尚設計文化的繁榮發展與建設中的積極作用，真實且生動地展現時尚設計文化的時代價值取向和精神風貌。

小結

時尚設計文學作品、時尚設計影視作品作為時尚設計文化傳播與傳承工業精神的重要媒介，是我國逐步走向時尚設計體系化、時尚設計現代化的傳播記錄載體，在民眾當中有著廣泛的影響力，並引起一定的共鳴。 一定程度上，兩者映射出我國邁向現代化過程中的國家政治、 國民經濟、大眾思想、尖端科技等各領域的時尚歷史與時尚面貌，同時生動地展現社會各個階層在時尚設計變遷過程中的心理體驗。

在時尚設計文化的傳播下，對時尚文學作品、時尚影視片進行研究，能夠深入且全面地挖掘時尚設計文化傳播的大眾路徑，探尋時尚設計文化演進的未來趨勢。

第五章/中國時尚設計文化產業

中國的時尚設計在融入文化和科技創新後，逐步形成我國的時尚設計文化，不僅產出了實實在在的產品，還帶有人文藝術性和藝術審美的價值。

近年來，我國的時尚設計文化因國家的重視而得到飛速的發展，一方面，我國的時尚設計文化產品在國際消費市場上所佔的比重在增加；另外一方面，我國時尚設計文化創意產業在國內市場的產值佔GDP的比重卻低於5％（如此低的比重，說明我國的時尚產品在製造上和生產上沒有和GDP 增長的速度相匹配，時尚產業產值對GDP 增長的助力還遠遠不夠）。中國的時尚產業正處於不成熟的時期，也正是埋頭奮進的時候。服裝作為流行消費品的首位，必然會帶動其他消費品類的設計和改變，這也是為什麼國家對重點設計專業予以留學支持的原因，一邊是國內這方面的教育與世界存在巨大差距；另一邊又是時尚產業的真實需求。國內時尚產業（尤其是服裝產業）面臨品牌的斷層、市場的無序競爭、學科開設混亂、獨立設計師生存艱難等局面，國家此時的扶持正是"不破不立"的"立"。

時尚設計文化創意產業的核心是創造價值，不僅是經濟價值，更重要的是文化價值。無可置疑的，時尚設計文化創意產業已經成為當今城市文化和品位發展的重要動力，在體現民族文化的同時，也得適應時代與世界的方向，如此一來，它的價值才能更加顯現出來。

時尚設計文化要發展，國際間的文化藝術合作和探討必不可少，"設計"在國際文化合作中作為重要的一環，如何發揮其作用並推動產業已成為關注的焦點，譬如在荷蘭舉行的"中國 ——荷蘭文化傳媒論壇"上，以"創新產業與城市文化發展"為主題，從創意文化產業、創意設計文化、創意城市創新、創意傳統文化等四大方向展開，具體且細緻地討論了其中的問題，一定程度上，推動了時尚設計文化創意產業的長久進步與未來發展。

"國際化"這一概念無疑已經在時尚設計文化產業上得到普遍認同，它使意識形態得到釋放，有種從本土文化的限制中脫離出來的解放力量。當今時代已經沒有什麼可以阻止全球化，如何有效地瞭解自身文化，改造和超越固有的不足，繼而創造出新價值，才不會被時代拋棄。需要注意的是—— 時尚設計文化創意產業的發展不是侷限在形式上，而是要將文化靈魂及其深刻的內涵表現出來。唯有如此，中國時尚設計文化產業才能得到真正的進步與發展。

第1節・時尚設計
文化旅遊

文化旅遊是最近幾年才出現並流行的一個名詞，廣泛的定義是以人文資源為主要內容的旅遊活動（包括歷史遺跡、建築、民族藝術、民俗、宗教等方面）；另有人認為文化旅遊應屬於專項旅遊的一種，是集政治、經濟、教育、科技等於一體的旅遊活動。不管哪種說法，它的出現都與遊客需求的轉變密切相關，因為遊客們不再滿足傳統的旅遊方式，希冀從深度參與的體驗過程中獲得文化薰陶。

那麼"文化旅遊"與"旅遊文化"又有何差別？前者屬於旅遊學的範疇，是旅遊的一種類型；後者則屬於文化的範疇，是文化的一個門類。簡言之，文化能豐富文化旅遊的內容，進而促進文化旅遊的發展。在外延上，文化旅遊是旅遊文化的內容之一，也就是說，旅遊文化的實際內容要比文化旅遊豐富得多。

至於"時尚文化旅遊"的定義，有以下兩種說法：

一、旅遊者對旅遊資源文化內涵進行體驗的過程

以旅遊文化的地域差異性為誘因，以時尚文化的碰撞與互動為過程，以時尚文化的相互融洽為結果，時尚文化旅遊具有民族性、藝術性、神秘性、多樣性、互動性等特徵。它給人一種超然的文化感受，這種文化感受以飽含文化內涵的旅遊景點為載體，體現了審美情趣激發功能、教育啟示功能和民族、宗教的情感寄託功能。

二、泛指以鑑賞異國異地時尚文化、追尋時尚文化名人遺跡、參加當地舉辦的各種文化活動為目的的旅遊。

尋求文化享受成為當前旅遊業出現的新時尚，它是一種特殊的綜合性產業，涵蓋性

大、關聯性高、涉及面廣、帶動性強，從而成為新世紀經濟社會發展中最易開展、最受歡迎和最具活力的新興產業，內容包括歷史遺跡、建築、民族藝術、民俗、宗教等，幾乎囊括所有的相關產業。

搞清楚"文化旅遊"和"時尚文化旅遊"後，現在來談談"時尚設計文化旅遊"，它是時尚和旅遊業相互交融所形成的一種新型旅遊活動，以時尚遺產、時尚產品、時尚生產線、時尚工藝美術、工廠風貌、工人工作場景等內容為吸引物，經過創意開發，將其轉化為旅遊資源，滿足旅遊者審美、求知、求新、購物、觀光等需求，除了能實現時尚設計文化企業的新範式，還能給企業帶來不同程度的經濟效益和社會效益。

20世紀50年代，法國雪鐵龍汽車公司作為時尚設計文化旅遊產業的第一個發起者，其初衷是為了讓顧客對公司的生產有充分的瞭解，進而放心購買其產品，所以開放生產車間，讓顧客參觀汽車生產的組裝線。這一活動取得了巨大的成功，公司因此效益大增，行業內其他公司也開始紛紛效仿。這種將企業的廠房開放給遊客遊覽參觀的行為就是時尚設計文化旅遊的雛形，後來還發展到英國、德國等歐洲地區，逐漸形成規模。從此，時尚設計文化旅遊的發展產生了生產流程型、文化傳承型、創意產業型、工藝展示型、時尚設計景觀型、時尚設計園區型和商貿會展型等類型，並進一步發展成主題公園模式、博物館模式、時尚設計化模式、區域一體化模式等。拿博物館模式來說，它是歐洲國家在時尚設計文化旅遊產生初期發展得最為成功的一種模式，一般分為紀念型和體驗型兩種。紀念型時尚設計博物館類似主題公園，通過對展覽的解說，使參觀者瞭解時尚設計史、時尚設計技術以及時尚設計產品，譬如英國的利茲設計博物館、倫敦萬國時尚設計產品大博覽會、艾斯布里奇峽博物館、布拉德福德時尚設計博物館等；另一種體驗型時尚設計博物館則以互動和體驗為主，通過讓參觀者感受、模擬工廠加工生產的過程或體驗某項時尚設計技術的應用，從而對公司及其產品有更多的瞭解，譬如蘇格蘭威士卡文化遺產中心，遊客不僅能在這裏瞭解和體驗威士忌酒的歷史和製作過程，也能購買威士卡及相關紀念品。

總之，時尚設計文化旅遊為旅遊業探索出一條新途徑，進一步拓展了旅遊業的發展領域，完善了旅遊產品的結構，帶動了地區旅遊經濟的發展。與此同時，也促進了企業經營和管理水平的提高，增強企業的社會責任感，樹立企業良好的社會形象。

回到我國，民眾對於旅遊的需求已經突破了傳統的自然風光、文物古跡觀光等，在此背景下，結合人們的旅遊需求和時尚設計文化旅遊的發展思路，中國開始出現新的旅遊路線。

中國的時尚設計文化旅遊產業最早起於20世紀90年代，在借鑑西方國家經驗的同時，結合自身國情，發展了協同作業模式。從目前來看，我國的時尚設計文化旅遊多呈現都市綜合性，拿上海、天津、南京、青島等城市為例，主要參觀其著名的時尚設計企業，不僅能夠為自己答疑解惑，還可以充分瞭解到企業生產的發展歷程和感受到企業文化，這種參觀過程也是受教育的過程，有助提升民眾的知識面。

依據時尚設計文化旅遊的理論認知和不同地區時尚設計的發展情況，時尚設計文化旅遊可以進一步發展出城市型、商品型、中心型、景觀型、擴展型、場景型、產品型、文化型、外延型、綜合型等多種類型，譬如新昌南岩絲綢文化時尚設計園區、山西杏花村汾酒巡遊、太原醋文化博物館等。時尚設計文化旅遊不同於一般的觀光旅遊，它在觀光休閒的同時，還能滿足遊客的好奇心和求知慾（通過旅遊來獲知許多從未涉及的時尚設計知識和資訊）。

時尚設計文化旅遊對時尚設計的依附性十分強烈，它是企業發展的一個新的維度，是圍繞著企業的經營宗旨和主營業務展開的。時尚設計文化旅遊的開展，往往以產品為核心，為生產的產品服務，在企業本身、企業環境等客觀因素的影響下，合理地選擇是否發展時尚設計文化旅遊以及以何種形式來發展。時尚設計文化旅遊展現的是企業的自信，讓遊客走進生產車間與廠房，在眾目睽睽之下生產，企業要有足夠的優秀員工與相配套的管理措施，這對於企業而言，需要很強大的底氣和勇氣。所以，從企業管理的角度來看，將企業形象、生產操作、企業產品、企業文化等展示給公眾，等於為企業引入了良好的外部監督機制，有利進一步加強企業管理的動力。不諱言地說，時尚設計文化旅遊的開展有賴於企業管理者對時尚設計文化旅遊的認識和正確估量，倘若經過評估，發現時尚設計文化旅遊能給企業帶來可觀的社會價值，並帶來經濟利益，那麼企業管理者就應積極促成時尚設計文化旅遊的開發。

時尚設計文化旅遊是一種多元化的集合經濟群，無論是旅遊者、企業，乃至社會都在時尚設計文化旅遊的發展中受益（旅遊者開闊了視野；企業提升了品牌，促進了銷售，宣傳了企業形象；社會提高了經濟效益）。

企業通過發展時尚設計旅遊所產生的價值可分為有形和無形。有形價值最直接的體現是門票收入和銷售產品所產生的利潤；無形價值就是通過時尚設計文化旅遊活動的開展，促進旅遊者對企業品牌產生好感，主動接受企業的廣告宣傳，成為企業的忠實客戶群（這種無形的經濟效益是巨大的，它推動企業不斷地深挖潛力、創新設計、發掘市場、擴大影響力）。

對於企業來說，開展時尚設計文化旅遊等於低成本做廣告，將看點變為賣點，將遊客變為顧客。此外，紀念品的銷售進一步延伸時尚設計文化旅遊的影響力，既承載著遊客的旅遊回憶，也能為企業增加一條獲取收入的管道。

時尚設計文化旅遊還能彌補傳統時尚設計污染過重的不足，成為一種環保型的新型時尚設計發展方向，為現代生活帶來美好的社會環境，同時解決一部分的就業問題，對提升城市的現代化和競爭力、優化區域產業結構等，都能起到一定的促進作用。

那麼傳統旅遊和時尚設計文化旅遊有什麼不同？依託傳統旅遊資源開發出來的旅遊產品，基本都是觀光型產品，比較單一，而時尚設計文化旅遊通過創新設計拓展了旅遊產品的類別，從而能夠更好地滿足不同人群、不同檔次、不同興趣的旅遊消費需求。也就是說，時尚設計文化旅遊比傳統旅遊具更多優勢，譬如酒泉的衛星發射現場、現代化的汽車組裝線、鋼花飛濺的鋼鐵廠等，帶給人獨特的觀賞性，這種感覺在其他的觀光旅遊中是無法看到或體會到的。對於遊客來說，近距離參觀工廠，體驗時尚設計文明，所帶來的衝擊感和新鮮感是前所未有的；再拿2009年建成的開灤國家礦山公園為例，該專案是國家首批建設的國家級礦山公園，館藏上萬件文物，其中一級文物48件、二級文物72件、三級文物326件。開灤礦山公園專案注重把文化歷史留下來，結合現代時尚設計示範區和老唐山風情小鎮共同開發，讓人們通過旅遊參觀，從這裏找到行業的發展軌跡，找到城市的心靈家園，找到國家的精神脊樑。

然而，時尚設計文化旅遊的開展並不適用於任何時尚設計企業。一般來說，知名度高、影響力大、特色鮮明的企業，發展時尚設計文化旅遊對遊客的吸引力會更大。也就是說，時尚設計企業的科技含量、生產流程的複雜程度、生產設施的先進程度、企業的人文環境等因素都決定了時尚設計企業的旅遊吸引力。拿目前開展得比較成功的海爾企業來說，很多遊客能從海爾的產品展覽館、生產線、海爾研究院（海爾大學）感受到海爾精神，這為企業的發展注入了巨大的力量。

值得注意的是，時尚設計文化旅遊必須注入文化底蘊和情感元素，不能只是看看宣傳片、逛逛廠房、體驗一下產品的生產，而是要把時尚設計的魅力與文化、歷史

、藝術、情感等緊密結合，並且相互滲透
。

總而言之，時尚設計文化旅遊為旅遊業探
索出一個新的模式，也為企業找到一條樹
立良好社會形象的新路徑，同時為我國的
產業結構調整出新方向。

第2節·時尚設計
文化遺產

文化遺產可分為物質文化遺產和非物質文化遺產，我國在強調保護物質文化遺產的同時，也強調了對非物質文化遺產的特別關注，比如整理及保存各種數據記錄、關注傳統時尚設計工藝的流程、圖紙、企業檔案等。

時尚設計文化遺產屬於文化遺產的一個分支，提到時尚設計文化遺產，可能人們想到的是具有光鮮外表和看得見巨大價值的東西（好比文物），很難將那些老舊、失修、簡陋的設備與之聯繫起來，但其實不然。拿2006年4月所通過的《無錫建議——注重經濟高速發展時期的時尚設計遺產保護》檔舉例，中國的時尚設計文化遺產被定義為具有歷史學、社會學、建築學、科技、審美價值的文化遺存，包括工廠車間、磨坊、倉庫、店鋪、礦山、相關加工冶煉場地、能源生產和傳輸的使用場所、交通設施、與時尚設計生產相關的社會活動場所、相關時尚設計設備、工藝流程、數據記錄、企業檔案等。

雖然對時尚設計文化遺產有不同的見解，但其存在的價值是大家所公認的，不管是歷史價值、技術價值、社會價值還是藝術價值，對於城市、社會、人類來說，都具有重大的意義， 所以從物質和非物質兩個層面著手，更能全面地研究、保護和利用時尚設計遺產。

時尚設計的核心是技術，時尚設計文化遺產見證了科學技術對時尚設計發展做出的突出貢獻。科學技術的每一次進步都會促進時尚設計的一次革新，推動人類時尚設計文明的再進步。時尚設計活動遺留下來的工廠、作坊、倉庫等時尚設計遺產，代表了當時生產力的發展水準，可以說是技術發展和進步的產物；從另一方面來說，時尚設計遺產在成為遺產之前就造福了社會，為社會創造了巨大的財富，也為社會提供了大量的就業機會，蘊含著巨大的社會價值，也記錄著城市曾經的輝煌，是城市記憶的一部分。對於前人來說，那是他們曾經奮鬥過的地方，承載了一代甚至是幾代人的熱血和青春，充滿了懷念之情。可以說，將時尚設計文化遺產進行合理地改造和利用，對於人們來說是一種情感的寄託與心靈的撫慰。其留下的企業文化和企業精神還會影響著下一代，甚至會成為激勵他們不斷進取的力量，有的甚至成為歷史文化和愛國主義教育的基地。具體的時尚設計文化遺產還能夠展示一個地區乃至國家的時尚設計化過程，代表文明的變革過程。 時尚設計文化遺產可謂是時尚設計化時代歷史資訊的記錄者，有助於人們追溯以時尚設計為標誌的近現代社會歷史，理解這一時期人們的生活和工作方式，為時尚設計文化遺產的保護和開發利用提供了一條重要的思路。

時尚設計文化遺產雖然不能像一般藝術作品一樣進行觀賞，但時尚設計建築美學和機器美學為時尚設計文化遺產附加了藝術的價值，即使是破敗不堪的廠房、人煙絕跡的車間、鏽跡斑駁的機器，也能從藝術的角度散發出其獨有的美學價值，這是不可否認的。很多時尚設計文化遺產中的時尚設計建築目前仍是該地的地標,甚至成為城市的象徵,具有豐富的審美價值。作為城市文化的一部分,時尚設計文化遺產無時不在提醒人們城市曾經的輝煌,為城市發展留下未來的導向。對於當代人而言,保護時尚設計文化遺產不僅是對歷史、對前輩的尊重,還是對自己、對後代的負責。合理的改造和利用不僅避免了浪費,創造出更多的就業崗位,還能促進新的經濟增長熱點等,例如將時尚設計文化遺產開發為博物館、紀念館、主題公園、創意產業園區、購物城、旅遊區等。 以下就博物館、主題公園、創意產業園區、商業區、旅遊區分別述之:

一、博物館

在完整性和原真性的基礎上合理利用與改造以時尚設計文化遺產為主體的博物館,最終成為供人們紀念、學習和參觀的一種模式,英國的鐵橋峽谷博物館就是其中的典型案例。根據聯合國教科文組織世界遺產中心的資料,鐵橋峽谷位於英國什羅普郡,是時尚設計革命的發源地,建於18世紀初,是世界上第一座鐵橋,附近還有鼓風爐、採礦區、工廠、鑄造廠、車間、倉庫、巷道、坡路、軌道、運河、鐵路等，與一些有著傳統景致的房屋建築共存。20世紀60年代末，此博物館開始進行大規模的修復和重建，目前已形成一個由7個時尚設計博物館、285個保護性建築為一體的旅遊目的地。

至於中國比較著名的時尚設計文化遺產博物館有江南造船廠博物館、瀋陽鐵西區博物館、青島啤酒博物館、陝西大華時尚設計文化遺產博物館等。

總而言之，時尚設計文化遺產博物館在一定程度上突破了常規博物館關於展覽空間和藏品的限制，在遺址的基礎上進行整體性的改造，以具有技術價值、歷史價值和文化價值的時尚設計生產建築、生產工藝、生產技術和機器設備等作為展示主體，真實還原時尚設計活動的場景，為觀眾帶來視覺上的震撼與文化的盛宴。 另外，由於時尚設計文化遺產博物館的整改力度較小、成本較低，容易獲得民眾對於時尚設計文化遺產價值的認同，從而提高保護時尚設計文化遺產的意識，值得有關單位投入。

二、主題公園

主題公園模式對於時尚設計文化遺產來說是一次新的生命，在進行保護的基礎上重新利用，以公園的形態調和時尚設計文化發展對環境所造成的破壞，起到對環境改善的作用，譬如坐落於廣州的中山岐江公園便是典型代表。該公園的前身是建於20世紀50年代初期的粵中造船廠，面對廠區內留有的大量造船廠房和相關設施設備，經過反復研究，在舊址的基礎上，引入一些生態恢復、西方環境主義及城市更新的設計理念，實現將現代技術和地域文化、生態保護、時代記憶相結合的開發目的，彰顯時尚設計文明邁向生態文明的過程。

主題公園模式是對時尚設計文化遺產本身價值的肯定，在尊重和保護歷史的基礎上，緩解時尚設計發展對環境造成的壓力，同時為公眾提供了一個休閒娛樂、尋找記憶的場所。

三、創意產業園區

當下對大城市時尚設計文化遺產的保護和利用，最常見的模式是時尚設計遺產文化創意產業園區模式。

時尚設計文化遺產創意產業園區是指以時尚設計文化遺產為主體，進行合理利用與改造，使之成為具有創造力的區域，實現生產、交易、休閒、居住等多種功能。這類的新興產業主要包括廣播影視、動漫、音像、傳媒、視覺藝術、表演藝術、工藝與設計、雕塑、環境藝術、廣告裝潢、服裝設計、軟體和計算機服務等。

中國的時尚設計文化遺產創意產業園區以上海8號橋為典型代表，它原本是法租界的一片舊廠房，後來改建為上海汽車製動器廠，到了2003年，經時尚文化設計、改造成為上海的創意產業園區。該園區在房屋構成方面基本保持了原來的佈局，只是做了一個功能上的替換，更多地設置大量的外部公共空間和半室內空間，方便人員交流和遊客參觀。

將時尚設計文化遺產改造成為一個創意園區，是對文化遺產的保護與再利用，為城市的發展增加一個新的、無需大動工程就可以擁有的亮點，對於宣傳城市也是一個不錯的方案。

四、商業區

當城市衰落、工廠拆除費用太高時，時尚設計文化遺產的商業模式是個不錯的選擇。也就是說，在區內增添一定的商業設施，將多種店鋪作為一個整體來計畫、開發和經營，並且擁有一定規模的停車場，為人們提供全方位的購物體驗，譬如位於德國魯爾區西部的奧伯豪森中心購物區原是個廢棄工廠，現在則是全歐洲最大的商業購物中心，可以說是變廢為寶。

五、旅遊區

時尚設計文化遺產旅遊模式是指以時尚設計文化遺產為主體，在完整性和原真性的基礎上對其進行合理利用與改造，以時尚設計文化和時尚設計文明為主線，吸引人們前來旅遊。時尚設計文化遺產旅遊在歐洲開發得比較早，"歐洲時尚設計文化遺產之路"便是貫穿全歐洲的最重要交通網絡，其基本結構框架包括英國、法國、德國、比利時、盧森堡、荷蘭等歐洲國家，在時尚設計革命進程中形成具有突出價值的時尚設計紀念物。前一節已經對時尚設計文化旅遊有所涉及，這裏以對時尚設計文化遺產的保護與利用為切入點，重在時尚設計文化遺產被開發為旅遊地之後，對其價值的肯定。這種肯定也是對城市歷史的尊重，起到樹立城市形象、宣傳城市文化的作用。另外，旅遊的展現形式很豐富多彩，如果能更好地宣傳，其教育範圍之廣、力度之大是別的模式所沒有的。縱觀以上幾種常見模式，可謂各有利弊，在對時尚設計文化遺產進行保護和再利用的同時，必須結合各種開發模式的優勢和特色，因為無論何種模式都不能直接套用到某一個時尚設計文化遺產的保護與利用上。拿坐落在長影老廠區的長影舊址博物館來說，2017年，它被評為國家時尚設計文化遺產的旅遊基地（這就是將博物館和旅遊區相結合的例子），成為東北三省唯一一家入選景區，也是國內唯一的國家級電影主題博物館，完整保留了1937年"滿映"（株式會社滿洲映畫協會）的建築原貌。

更進一步說，國內的時尚設計文化遺產保護與再利用可以借鑑國外優秀案例，但是不能照抄照搬，畢竟每個國家與地區的經濟狀況與發展模式不同，既要綜合考量國情及地區經濟發展狀況和發展模式，又要結合城市的格局和發展速度，做出慎重選擇。

目前，對於時尚設計文化遺產的關注和研究，大多集中於時尚設計生產之後所產生的各種時尚設計文化遺產現象，對於中國歷經千百年傳承下來的技藝卻沒有足夠的重視，換言之，還沒有進入保護與利用的主流，這也成為未來需要關注和開發的方向。

不可諱言，我國對於時尚設計文化遺產的認識還有待提升，這可能與中國歷史悠久、地大物博有關，很多東西過了幾千年、幾百年才開始重視。繼傳統時尚設計時代逐漸被資訊時尚設計時代所代替之後，對時尚設計文化遺產的保護和再利用是大勢所趨，譬如2021年中央一號檔提出要加強村莊風貌引導，保護傳統村落、傳統民居和歷史文化名村名鎮，加大農村地區文化遺產遺跡保護力度 (https://www.guancha.cn/potitics/2021_02_21_581825_2.shtml)，從中可窺出這將是一個時代的呼聲，會吸引更多人關注，因為對後代人而言，一百本書也不及一個活生生的例子擺在面前。

第3節・時尚設計與
時尚工藝美術

時尚設計起源於英國時尚設計革命，崛起於20世紀20年代的德國，成長於20世紀30年代的美國。隨著歷史和地域的變遷，時尚設計的概念有過多種表述，國際時尚設計協會曾於2015 年10月宣佈時尚設計的新定義：設計旨在引導創新、促發商業成功及提供更好品質的生活，是一種將策略性解決問題的過程應用於產品、系統、服務及體驗的設計活動。

綜合方方面面，時尚設計具有以下特徵：

一、是一種跨學科的專業

時尚設計是一種跨學科的專業，將需要解決的問題，提出可視化的解決方案，再通過技術創新解構問題。在此過程中，創造新的產品、系統、服務以及體驗商業網絡的機會，產生新的價值以及競爭優勢。

現代的時尚設計是一個將創新、技術、商業研究等，與消費者緊密聯繫在一起，共同進行創造性活動的過程，範圍相當廣泛，廣義上涵蓋了時尚文化視覺傳達設計、時尚文化環境藝術設計、時尚文化室內設計、時尚文化建築設計、時尚文化機械設計、時尚文化產品設計、時尚文化傢俱設計、時尚文化傳播設計、時尚文化與設計管理等；狹義上則指產品的設計。可以說，時尚設計是一門隨著現代時尚設計的興起而產生的"以時尚設計產品的設計"為主要對象的產業。

二、受到地域文化的影響

"地域性的時尚設計"是基於各地區的自身情況，充分發揮各自的文化優勢，且把這種優勢通過時尚設計注入到企業和產品當中去，這不僅具有相互的促進作用，而且也形成具有地域特色的、個性鮮明的企業和產品，進而創造出巨大的產品附加價值。成功的產品設計不僅僅在經濟上獲得利潤，它更是一件藝術品，展現出一個企業和一個地域的文化。

三、具有獨特民族風貌

時尚設計的民族性是文化賦予它的固有特性，是基於民族生活的自然環境與社會環境所形成的，這些環境包括生產方式、生活習性、地理環境、氣候條件、風俗習慣、民族性格、宗教信仰和藝術傳統等。這些因素以直接或間接的方式或多或少地影響到各民族的一定時期的時尚文化產品設計，從而構成了絢麗多彩的民族產品，譬如歐美的時尚設計文化比較側重人本，而日本的時尚設計文化則以成本控制見長。

時尚設計的民族性並不是一成不變的東西，不同民族的交匯融合能相互影響和滲透，通過互相借鑑和模仿，更為廣泛地體現出時尚設計文化的融貫性、豐富性、多樣性和創造性。

四、是一個不斷變異的過程

時尚設計是一個不斷變異的過程，它不但在歷史發展中有縱向的變化，在同一時代背景下，受到某種流行元素的影響，也會進行橫向的變動。這種縱向與橫向的變化成為時尚設計的主導潮流，形成特殊的時尚設計風潮。

時尚設計所設計出的產品，其造型、色彩、功能以及整體風格在一個時期會出現迅速傳播並盛行的現象，這種現象可謂時尚設計的流行性，例如日本索尼公司的產品設計長期以來一直引領時尚流行的趨勢，其設計強調簡潔大方、注重產品的功能性和美觀性，產品受到東西方國家的共同接納。

五、具有鮮明的時代特徵

時尚設計具有鮮明的時代特徵，不僅能反映出不同時代的物質生產水準，還反映出人們的意識形態和生產方式。時尚設計本身就是文化的產物，因為它通過特有的方式傳達了技術的物化美，並且體現出商品社會中文化的價值取向，滿足人們不斷增長的物質需求和精神需求。從某種意義上來說，特定時代的時尚設計總是體現著那個時代的社會風貌和生活理念。

總之，各民族、各地區之間的時尚設計有著不同的特質，體現了不同的時尚設計類型。隨著民族的交往和地域之間的交匯融合，時尚設計也隨之進行著互動和交流，也就是說，通過時尚設計文化的傳播，不同民族，不同區域的時尚設計發生著互動、衝突、滲透、排斥、借鑑、模仿、融合等現象，出現你中有我、我中有你的互補特徵。

時尚設計作為人類的共同文化現象，這些共性便成為各民族時尚設計文化交流的共同基礎。縱觀時尚設計的發展歷史，其中不乏各民族、各地區之間不同風格的時尚設計產品經交流融合而共同發展的例子。

時尚設計要從本民族、本地域的實際情況出發，尊重歷史，體現民族文化，並在此基礎上不斷創新。這種創新的動力來自於對歷史文化的挖掘與研究，以及對本民族價值觀念、風俗習慣、思維模式的重視和理解。因此，時尚設計絕不是抄襲和模仿，而是通過提煉、歸納、重新闡釋等過程，接著運用到設計中。只有深刻瞭解歷史，吸取其精華，才能搞清本民族的價值觀念、思維方式、審美情趣，也才能體現民族的傳統文化，更好地體現時尚設計的創新精神。

提到時尚設計就不得不提時尚工藝美術，兩者都視"推動設計發展"為己任，且都堅信設計對生活、社會、文化的重要意義。

由於世界各地的地域原因和文化差異，人們對時尚工藝美術有不同的見解，一般來說，時尚工藝美術指的是由勞動人民手工創造的產品，既有文化屬性，又有經濟屬性；既是藝術形態，也是生產形態。

時尚工藝美術產業目前已發展成為具有較高文化價值、經濟價值、社會價值和市場價值的新興產業，它將技術與藝術、感性與理性、功能與形式、實用與審美等各種因素綜合在一起，進行文化整合，同時完善產品的諸多功能，從而獲得多方面的綜合效益。

早在新石器時代，中國在手工產品製造中就體現出很強的實用性和藝術性，從人類製造的第一件工具開始，時尚工藝美術就誕生了。隨著歷史的變遷，文化技術水準的提高，審美觀念的轉變，中國時尚工藝美術以造型各異的工藝造物樣式，彰顯著中華民族的文化精神和審美意識。在時尚設計時代，中國的時尚工藝美術在研究上重視傳統、重視民間，以精美的手工藝產品體現對大眾生活的關注，對中國的發展無疑起到促進現代時尚設計生產的作用。

時尚工藝美術是藝術與技術的結合，它甚至將時尚設計納入到自己的體系，成為當代新形式，目標是用藝術來塑造有價值的生活。手工時代的設計與時尚設計時代的設計是相通的，其核心內容是為大眾服務、為生活服務，更有著"藝術要用來改善人們生活"的理想。

就我國而言，時尚工藝美術這個概念雖然來自國外，但其內在精髓卻是從中國古代和中國民間走來。中國的時尚工藝美術既屬於民生產業和傳統產業的範疇，又具備創意產業和朝陽產業的屬性，體現出"立足傳統、與時俱進" 的發展規律。

在時尚工藝美術的門類中，時尚設計陶器燒製技藝、時尚設計木雕雕刻技藝、時尚設計龍泉青瓷燒製技藝、時尚設計竹編柳編草編編織技藝、時尚設計漆器髹飾技藝、玉石雕刻時尚設計、手工製瓷技藝時尚設計、時尚設計金屬鍛製技藝、手工製紙技藝時尚設計、時尚設計紮染、時尚設計刺繡、時尚纖維藝術等，都是時尚設計文化與我國傳統非物質文化遺產技藝相結合的典型代表。也就是說，時尚設計生活在變，時尚設計器物也在變，如何藉助時尚設計將非遺文化引入當下人們的生活，讓時尚設計與時尚工藝美術相結合， 一定程度上既是時尚設計文化學術研究的課題，也是非遺背景下的時尚設計從業者的期盼。

以下就時尚工藝美術的典型代表，擇取三項分別述之：

一、苗繡

2006年，苗繡入選第一批國家級非物質文化遺產名錄中，經打造"酉州苗繡"非遺工坊，帶有苗繡特色的精美服裝、靈巧的小飾品開始走上市場，讓全鄉"繡娘"靠著這些"針線活"成功脫貧，日子過得越來越紅火。

二、紮染

距今有1500年歷史的紮染是中國古老的織染手工藝之一，是我國首批非物質文化遺產，現主要分為自貢、大理、彝族和白族紮染。

紮染是織物在染色時局部結紮起來使之不能著色的一種染色方式，通過各種捆紮技法與染色技術，染成的圖案多變且獨一無二，令人驚歎。

在上世紀嬉皮士運動期間，就可以看到紮染這門工藝的流行（他們從二手服裝市場購回基礎裝，然後DIY 創造獨屬於自己的T恤、短褲等，不少嬉皮士還喊出"自己製作自己的衣服"的口號）。

現代紮染運用了防染科學技術和各種特殊的工藝手法，區別於傳統的"三染"，更具現代的審美意義，不僅跨越了不同文化、不同性別以及不同的時尚定義，還保有獨到的美學，也傳承著歷史的絢爛。

三、時尚纖維藝術

時尚纖維藝術是藝術家利用一些與人類最具親和力的材料，以傳統編織、傳統環結、傳統纏繞、傳統縫綴等製作手段來塑造設計基本要素（如平面、立面和空間裝置形象）的一種時尚藝術形式。

傳統的纖維藝術起源於人類的歷史在進入定居和農業文明時期，也就是說，纖維材料在人類的造物中佔據了全部的歷史。纖維藝術的歷史既包括零星散落在民間的不同纖維材料的初創與演變的歷史，還包括初創時期人類對纖維材料的廣泛選擇和隨機創製的歷史，最後是纖維藝術隨著技術成長而達到複雜成熟以及隨織物而沉積歷史的情感時期。

時尚纖維藝術是經久不衰的時尚，從20世紀6、70年代起，時尚纖維藝術開始有了國際化的革新，除了時尚編織外，還出現時尚鉤編、時尚打結、時尚纏繞、時尚打褶、時尚綁紮、時尚經緯編織等。

現今，很多時尚纖維藝術家們開始探索時尚織物的纖維品質，並在工藝美術和材料的開拓領域上取得了顯著的成果。

綜合以上，如果能鼎力打造優秀傳統文化的"時代價值"，從而創造一些既傳統又時尚的產品，無疑是創新的表現（例如有些國貨品牌巧妙融入刺繡、紮染、戲劇、茶禪等經典傳統元素，令人耳目一新）。

不諱言地說，"復古國潮"現今已成為一種時尚，既展現了傳統文化產品的內涵和藝術價值，又提高了傳統文化的精神高度，讓人們窺探出當代中國人的精彩生活風貌，這充分證明優秀的傳統文化也可以成為時尚工藝美術的內核底蘊和跨界IP。 然而，時尚工藝美術行業的發展也有諸多亟待解決的現實問題。為此，時尚設計文化發展中心於2015年組建了國家時尚工藝美術產業公共服務平臺，通過此平臺，推動國家時尚工藝美術業的經濟增長，帶動整個時尚工藝美術行業的發展。在2016年發佈的《關於推進時尚設計文化發展的指導意見》中也可窺見國家的重視，好比時尚工藝美術首次被列入時尚設計文化，並加強對傳統時尚工藝美術品種和技藝的保護與傳承，積極引導企業運用新技術、新工藝、新材料、新設計去發展時尚工藝美術產業。此外，還成立了一批示範性時尚工藝美術特色區域和大師工作室，打造時尚工藝美術特色區域品牌。對於時尚工藝美術產業的發展而言，這樣的改變和推動具有時代的重要意義。

小結

中國的時尚設計文化歷經百年的發展，留下了許多可喜成就和寶貴經驗，但也不可避免地留下許多教訓。中國時尚設計文化的未來充滿機遇和挑戰，對中國社會的未來發展有著舉足輕重的意義。

時尚設計文化的發展離不開人才和企業的支持，通過踐行創新精神、弘揚工匠精神、倡導誠信精神、發揚設計精神等，從而優化和再造時尚設計產業的文化體系。迄今，全球已有二十多個國家佔據國際製造分工鏈條的上游高附加價值區域，這些國家將時尚設計產業化的發展納入國家戰略，作為提升國家軟實力的重要手段，其中就包括中國。

結束語

時尚設計文化發展的過程中會創造出新的
時尚設計文化產品、系統、服務、體驗和
商業網絡機會，同時產生新價值以及競爭
優勢，對中國社會的未來發展有著舉足輕
重的意義，值得深入探討與研究。

參考文獻

一、專著

1. 馬瑾，婁永琦，編. 新興實踐：設計的價值、專業與途徑 [M]. 北京：中國建築工業出版社， 2014:97.

2. (美) 布魯斯·布朗，理查德·布坎南，卡爾·迪桑沃，丹尼斯·當丹，基普·李，維克多·馬格林，拉米亞·馬澤主編. 設計問題：服務與設計[M]，孫志祥，辛向陽，謝競賢，譯. 南京：江蘇鳳凰美術出版社，2021

3. (意) 埃佐·曼奇尼. 日常的政治：韌性社會的生活專案 [M]. 鍾芳，譯. 南京：江蘇鳳凰美術出版社，2020:1.

4. 中央美術學院設計史論部，編譯. 設計真言 [M]. 南京：江蘇美術出版社，2010: 684.

5. (美) 維克多·帕克耐克. 為真實的世界設計 [M]. 周博，譯. 北京：北京日報出版社，2020

6. (荷蘭) 孫潔，(瑞士) 伊莉莎白·菲舍爾. 奢侈品設計之靈——當代時尚首飾 [M]. 2021. 上海：同濟大學出版社(中文版)/美國ORO Editions出版社(英文版)

7. 淩繼堯. 藝術設計十五講 [M]，北京：北京大學出版社，2006

8. 尹定邦，邵宏主編；鄺慧儀等編著. 設計學概論全新版[M]. 湖南長沙：湖南科學技術出版社，2017:59-66.

9. 尹定邦. 設計學概論 [M]. 湖南長沙：湖南科學技術出版社，2003

10. 柳冠中. 事理學論綱 [M]. 湖南長沙：中南大學出版社，2006

11. 張福昌. 現代設計概論 [M]. 湖北武漢：華中科技大學出版社，2006

12. 王受之. 世界現代平面設計史 [M]. 廣東廣州：新世紀出版社，1998

13. 陳瑞林.中國現代藝術設計史 [M]. 湖南長沙：湖南科學技術出版社，2002

14. 田自秉. 中國工藝美術史 [M]. 北京：知識出版社，1985

15. 劉國餘. 設計管理 [M]. 上海：上海交通大學出版社，2003:25— 26.

二、期刊文章

1. 陳偉才. 中國寵物行業現狀和發展趨勢 [J]. 中國洗滌用品工業， 2019(08):56-59.

2. 胡楊，張豔榮，于晶. 我國寵物行業的現狀與前景[J]. 知識經濟， 2018(10):50-51.

3.焦斌. 基於情感化的寵物貓傢俱設計研究 [J]. 河南財政稅務高等專科學校學報，2013，27(04):95-96.

4. 陳偉才. 中國寵物行業現狀和發展趨勢 [J]. 中國洗滌用品工業， 2019(08):56-59.

5. 王立增. 貓的習性趣談[J]. 農村經濟與科技， 2001(01):29.

6. 鄒亞潔，張帆，車哲萬. 寵物傢俱設計探析 [J]. 傢俱與室內裝飾， 2017(08):28-31.

7. 劉芙蓉，尹歡. 基於4R 原則的紙質寵物傢俱設計探析 [J]. 包裝工程， 2016(02):160-163+178.

8. 魏文超，朱林峰，顧浩飛. 以貓為研究對象的寵物傢俱設計研究 [J].工業設計，2019(10):73-74.

9. 馬豆豆. "寵物友好"理念在傢俱設計中的實現——以寵物貓傢俱設計為例[J]. 藝術教育，2019(02):213-214.

10. 薛擁軍，付佳琪，陳慧怡. sss陪伴式寵物傢俱的設計研究——以貓傢俱為例[J]. 傢俱與室內裝飾，2020，

No.258(08):9-11.DOl:10.16771/j.cn43-1247/ts.2020.08.001.

11. 李雨佳，葉喜. sss寵物貓傢俱設計在情感化與功能美學中的研究[J]. 傢俱與室內裝飾，2016，

No.207(05):35-37.DOl:10.16771j.cnki.cn43-1247/ts.2016.05.011.

12. 李志斌. sss 基於可拓創新法的寵物貓智能傢俱研究 [J]. 傢俱與室內裝飾，2021，

No.269(07):134-137+137.DOl:10.16771/j.cn43-1247/ts.2021.07.025.

13. 鄒亞潔，張帆，車哲萬. sss寵物傢俱設計探析 [J]. 傢俱與室內裝飾， 2017，No.222(08):28-31.DOl:10.16771/j.cn43-1247/ts.2017.08.007.

14. 郝幸田. 舊工業設計廠房的保護與利用 [J]. 企業文明， 2009(4):71.

15. 馮蕾. 國內外工業設計文化旅遊研究綜述 [J]. 山東時尚設計技術，2016(3):238.

16. 吳相利. 中國工業設計文化旅遊產品開發模式研究[J]. 桂林旅遊高等專科學校學報， 2003,14(3):43-47.

17. 劉撫英. 歐洲工業設計道產之路初採[J]. 華中建築，2013(12):139.

18. 吳勝蕊. 工業設計遺產保護之培育型主體研究——以鄭州市為例 [J]. 遺產與保護研究，2016(5):39.

三、學位論文

1. 周海燕. 湖南省時尚設計文化旅遊發展與開發對策研究[D]. 湘潭：湘潭大學， 2015 :12.

2. 劉芙蓉. 交互視角下的寵物傢俱模組化設計研究[D]. 山西太原：太原理工大學，2015.

作者介紹

趙瑞潔

江蘇南京人，海內外藝術設計競賽展覽獲獎40餘項，現有專利1項，軟體著作權1項，主持創新創業專案1項，是汀蘭堂（陳設及景觀）設計工作室主理人兼藝術總監，也是中國管理科學學會的高級創業指導師，曾考取國際建築裝飾室內設計協會 B 級榮譽，也曾執教國內高校，現居英國，為英國南安普頓大學WSA全球智能實驗室研究助理。

出版社介紹

如意出版社 (Luyi Publishing)在英國註冊，致力於將優秀作品介紹給全球讀者，聯繫方式如下：

郵箱1: Luyipublishing@163.com

郵箱2: Luyipublishing@gmail.com

教材優質合作
機構推介

一、**ARTSY STUDIO**

ARTSY STUDIO 立足於中國的國際藝術設計交流平臺，引入先進的歐美教學理念和教學模式，多元化的課程體系在藝術設計學的多個領域為世界各地的設計師、藝術家、藝術設計學生提供高端教育培訓、藝術申請作品集諮詢、藝術生涯規劃等最專業的藝術教育服務。我們與世界博物館、海外藝術高等院校攜手，為熱愛藝術的您提供優質服務。 ARTSY STUDIO 定期邀請各領域名師舉辦多種主題 workshop, 我們也指導學生積極參與國內外知名藝術大獎賽，滿足學生的多元需求。

歡迎掃碼或官網留言諮詢，也可致電17612568259 向ARTSY STUDIO小助手諮詢。

二、阿金尼國際藝術教育諮詢（阿金尼作品集工作室）

這是一家專注於"國際藝術教育、作品集培訓、 藝術留學規劃"的國際化教育諮詢品牌。中國總部位於吉林省長春市，在長春多區域有教育諮詢網點，是東北地區極為專業的國際藝術教育諮詢機構（工作室），歡迎致電 13844066831 向 Argine小助手諮詢。

三、汀蘭堂時尚花藝教育

汀蘭堂時尚花藝教育源於熱愛與分享，線上線下承接各類中高端會展花藝佈置、室內外花藝微景觀設計、時尚花藝軟裝等空間花藝專案， 同時提供各類室內軟裝設計培訓與時尚科系的國際賽事指導，歡迎致電15651032317向汀蘭堂小助手諮詢。

ARTSY STUDIO INFORMATION
南京校區
南京市秦淮區新街口金鷹國際F9

ARTSY小助手 17612568259
東京校區
東京都新宿區 Enokicho, 34-3 榎町ビル
王先生（中國語&日本語）
對應電話：0804335
2503www.artsyedu.com